ESSAI

DE

THÉORIE PLASTIQUE

PAR

E. LE MARCIS

Membre de la Société d'Anthropologie

PARIS. — 1880.

ESSAI
DE
THÉORIE PLASTIQUE

SAINT-QUENTIN

TYPOGRAPHIE ET LITHOGRAPHIE JULES MOUREAU

7, PLACE DE L'HOTEL-DE-VILLE, 7

ESSAI

DE

THÉORIE PLASTIQUE

PAR

E. LE MARCIS

Membre de la Société d'Anthropologie

PARIS. — 1880.

ESSAI

DE

THÉORIE PLASTIQUE

CHAPITRE PREMIER

INTRODUCTION

I. Anarchie actuelle de l'art plastique. — C'est un cas de transition, non de décadence. —Achèvement latent de son organisation empirique. — Opportunité de sa théorisation. — Son état métaphysique. — Indications positives et correctrices : observation des faits. — Relativité. — Evolution. — Tradition. — Limitation. — II. Appréciation de la période artistique contemporaine. — Ses dangers : anarchie chronique. — Dissolution de l'unité esthétique. — Oubli des conditions du grand art. — Son passage à l'idéal scientifique. — III. Réfutation des objections supposées : utilité de la théorie. — Education spéciale. — Tradition nationale. — Eclectisme plastique. — Consensus, prévision, critique normale, direction administrative.

I. — La discordance depuis longtemps signalée dans la production artistique est un fait qui mérite d'être étudié. Jamais en France elle ne fut ce que nous la voyons : au dix-septième siècle, Poussin, Lesueur, Puget avaient subi la concurrence des intérêts, non la lutte des idées théoriques ; au siècle dernier, Watteau, Chardin manifestèrent des manières de voir diverses, qui pourtant n'étaient pas la négation l'une de l'autre ; au commencement de celui-ci, l'école de David montrait non-seulement une unité concentrique, mais un esprit conforme au sentiment contemporain, ou plutôt s'imposant à lui. Cependant à partir de Guérin et de ses élèves, ou plus exactement des contradicteurs qu'il avait soi-disant enseignés, tels que Géricault et Delacroix, la dissolution esthétique apparut, les artistes ne témoignèrent presque plus aucune communauté d'idées, à peine même semblèrent-ils se comprendre entre eux ; et actuellement telle est devenue la dispersion dans leurs façons de penser et dans leurs travaux, que le public, de qui après tout émane l'impulsion et à qui la réalisation retourne, déconcerté devant tant de genres individuels, insuffisants, accessoires ou banals, désespère de voir venir une expression capable d'englober et de résumer les autres, et semble se persuader qu'il a le droit de douter de l'art. On a vu tant de décadences! Qu'est devenue l'Italie après Léonard, Michel-Ange, Raphaël? Lorsque Rubens, Rembrandt disparurent le génie flamand et hollandais ne s'est-il pas éclipsé? Chez nous, Géricault, Delacroix, Ingres ; Corot, Rousseau n'étant plus là, pour ne parler que de nos peintres, et de ceux que les générations présentes ont connus, qui sait ce qui nous attend à l'avenir? « Enfin, » dit-on, pour résumer dans une formule bonne ou mauvaise toutes les nuances de l'indécision et de la lassitude, « en art, qui donc s'y connait? »

Heureusement nous n'en sommes pas là, et jusqu'à nouvel ordre un tel découragement serait prématuré. Constatons fermement avant tout que l'art français a conservé des représentants qui ont leur valeur ; quoique envers ceux-ci nous ayons le devoir de suspendre toute appréciation, les personnalités vivantes étant rarement bien jugées par les vivants. Puis, en prenant les choses dans la généralité, si l'on compare ce que nous voyons à ce qui s'est vu déjà cent fois, rien ne défend de croire que notre apparent affaiblissement ne soit aussi non un effet de décomposition, ni peut-être non plus de recomposition immédiate, mais une métamorphose probablement nécessaire, l'établissement d'un autre régime dans le domaine artistique, quelque chose d'analogue à la division du travail devenue dans la science et dans l'industrie une nécessité moderne, une façon d'être enfin que l'on pourrait appeler l'apparition simultanée de sentiments opposés, mais complémentaires. En effet quoi de plus contrastant extérieurement que des esprits tels que Delacroix et Ingres, Corot et Rousseau? Pourtant ces artistes vécurent, produisirent côte à côte, chacun prenant sa part de l'attention, de l'admiration publiques; et ce qu'ils eurent d'influence s'est maintenu depuis eux sans que l'un ou l'autre ait effacé son émule. Leur succès égal ne doit-il pas faire présumer que tous représentaient légitimement une face de l'art, un aspect de la nature, un ou plusieurs modes de la pensée esthétique? Toutefois il n'en est pas moins vrai que l'on n'avait pas vu encore les formules figuratives contraires coexister ainsi : que jadis, aux dessinateurs de Florence et de Rome succédaient les coloristes de Venise, à ceux-ci les luministes de la Hollande; que toute une époque, tout un groupe national s'adonnait à une conception, à une réprésentation uniques; et qu'il avait été auparavant sans exemple que deux hommes ou deux écoles eussent pratiqué et le dessin et la couleur en même temps, en s'affrontant pour ainsi dire; que, dans le même moment ou dans un seul pays, l'esprit du public et des artistes se fût scindé en deux camps, celui-ci pour le coloris, celui-là pour la forme; bien mieux que la division dans la peinture de figures s'y fût répétée en celle du paysage.

Pourquoi donc ce qui ne s'était pas produit auparavant vint-il à se manifester tout à coup? Et certes ni la question ni la réponse n'auraient pu se faire avant l'état présent, et par là il se singularise : c'est que, sans qu'on s'en rendît compte, à la diversité des aptitudes correspondait un événement nouveau, empirique, encore latent et non reconnu par voie d'analyse, et qui n'était rien de moins que l'achèvement longtemps retardé du cycle des organes plastiques constitutifs : Delacroix, en créant la couleur dramatique, venait de combler ce dernier desideratum de l'esthétique intuitive. Dès lors un vague sentiment de solution obtenue, de plénitude doctrinale enfin acquise, autorisait la divergence dans l'application, et secrètement avertissait chacun qu'il pouvait choisir son chemin librement, sans s'astreindre à suivre la manière de voir convenue, ni l'entraînement du mouvement prédominant. L'incident était capital : à notre avis il sépare le passé de l'avenir artistique, rejette en arrière les temps de l'empirisme et de l'acquisition spontanée des principes, et ouvre devant nous une ère d'exploitation choisie, voulue, éclectique, qui plus tôt eût été prématurée, et de nos jours, logiquement au moins, arrive en son temps. Le lecteur nous pardonnera ces affirmations, jusqu'ici provisoires : nous nous appliquerons à les reproduire plus loin d'une manière démonstrative, en les appuyant des preuves qu'elles comportent.

Mais encore si une sorte de révolution dans les choses de l'art s'est maintenant accomplie, pourquoi l'esprit anarchique y persiste-t-il ? Pourquoi l'assentiment commun ne s'y est-il pas établi conformément à leur récente conversion ? C'est que les idées nouvelles, quoique ayant influé précédemment sur l'instinct de générations mieux préparées peut-être, stimulées d'ailleurs au contact d'artistes vigoureux et que la passion entraînait, n'ont pas été formulées jusqu'ici : et qu'il fallait attendre pour que le sens public s'éclairât à leur sujet et s'en pénétrât définitivement, qu'une démonstration probante vînt les mettre au jour, et les livrer décidément à l'appréciation de tous.

Tant que cet important complément évolutif n'aura pas été atteint, la situation présente envers les arts du dessin demeurera justement celle que décrit A. Comte comme ayant précédé toutes les dogmatisations scientifiques : un esprit métaphysique vague, contradictoire, excessif, gouvernant aussi bien le public que les artistes ; celui-là inquiet, irrésolu, se montrant tantôt passionné hors de propos, tantôt rigoureux à l'excès ; ceux-ci n'ayant aucun souci, aucun soupçon même de conditions naturelles qui puissent s'imposer à eux ; s'abandonnant à des élans irréfléchis ; visant un jour à une hauteur inaccessible, puis à quelque but futile ou bas, évidemment impropre à rien produire ; prétendant à l'incapacité du passé, à un avenir sans lien avec le présent, conséquemment à de continuels renouvellements de fond en comble. Cette confusion par manque de méthode s'aggrave encore lorsqu'apparaissent des semblants de théories prétendant en tenir lieu; fantaisies presque sciemment dévoyées tant elles sont frivoles d'ordinaire, et qui, après leurs heures de vogue, aboutissent à un scepticisme plus enraciné. Se souvient-on encore de celle qui s'appelait le système de l'art pour l'art, et dont on s'était flatté de faire une grosse doctrine? Certes la plastique a un idéal direct dans le jeu de ses propres facultés: des formes, des couleurs, un effet de lumière bien vus, bien rendus, constituent une visée légitime en ce qu'elle comprend l'exercice immédiat des deux milieux esthétiques, l'un physique, l'autre intellectuel; et qu'elle a l'avantage, ou peut-être le tort, de persister dans l'adoption du sujet le plus mince, aussi bien qu'elle s'impose comme base obligée aux manifestations supérieures. Cependant elle comporte seulement les opérations mentales élémentaires, l'observation, l'abstraction, l'idéalisation à l'état minimum, mobiles qui n'appartiennent qu'à la biologie; tandis qu'elle exclut les dernières, l'idéalisation totale, la dramatisation, seules propres à l'expression sociologique : or il n'en faut pas davantage pour démontrer qu'elle ne convient qu'aux civilisations inférieures, et n'est donc pas acceptable aujourd'hui. Mais que dire de tant d'inventions naïves, le préraphaélisme, le naturalisme, ou autres? Quelqu'un se prétendrait-il plus spontanément inspiré, plus vrai, plus ému que Raphael, que Rubens, que Ingres? Et croit-on démoder à si peu de frais de pareils artistes? Soit donc désordre spontané, soit aberration illogique, l'état plastique actuel, on en conviendra, peut aussi se définir : « une vaine recherche de notions absolues, et la prédominance de l'imagination sur l'observation. »

Dès lors il est évident, comme A. Comte l'indique également à la suite, qu'il suffirait de renverser ces dispositions pour obtenir dans les choses de l'art une régulation intellectuelle normale; ce qui consisterait à écarter les suggestions purement subjectives, et à prendre avant tout pour direction la connaissance des faits dans leur réalité. Nous n'hésitons pas à croire que ce changement par la base deviendrait le pivot d'un revirement complet, et amènerait la concordance là où le trouble est actuellement visible et reconnu.

Bientôt en effet on verrait se substituer à la divagation, aux conceptions manquant de point d'appui, aux rêveries sans bornes, l'acceptation de notions relatives, mais exactes qui ne sont pas moins obligées en plastique que partout ailleurs. Pourquoi ce territoire seul entre tous échapperait-il aux assujettissements ordinaires? Quelle que soit la valeur de ce qu'on appelle l'inspiration, de cette heure favorable ou l'acte intellectuel, dans une résolution subite, fait jaillir des apparences du néant l'idée poursuivie, pourquoi le poète et l'artiste en auraient-ils seuls le privilège? Le savant qui, à force d'anxieuses recherches, d'hypothétiques inductions, de divinations intuitives, touche enfin du doigt la localisation cérébrale certaine dont la conscience doublera peut-être notre pouvoir psychique; le constructeur lui-même amassant les forces naturelles dans quelque propulseur irrésistible, agent d'une nouvelle et merveilleuse conquête sur notre planète, ceux-là ne sont-ils pas inspirés aussi, à l'instant qui décide de leur triomphe? Certes le souffle de la poésie est subtil par excellence; il élève la mentalité humaine au point le plus sublime : cependant la voie qu'il lui fait suivre est toujours celle des divers essors de la pensée, et rien ne saurait détacher la conception esthétique plus que les autres des conditions communes à tout l'exercice spirituel.

L'influence expérimentale prescrirait en même temps l'admission de la loi du progrès, c'est-à-dire de l'évolution. Longtemps dans les arts, on a voulu croire à la supériorité complète en toutes ses parties, de certaines divisions historiques antérieures vis-à-vis des suivantes; c'était comme un renouvellement de ce que l'on avait appelé jadis la querelle des anciens et des modernes, laquelle retrouvait dans une telle assertion l'un de ses plus naturels aliments. Mais une vue mieux informée montre aujourd'hui que le prétendu avantage de ces périodes, s'il était vrai à certains égards, ne pouvait l'être en tous points, puisque les derniers termes constitutifs de l'organisme plastique n'ont été révélés que dans l'époque moderne, et même tout à fait récente : surtout depuis les découvertes préhistoriques, où l'art apparaissant déjà, il fallut bien avouer que la sériation évolutive est aussi incontestable en esthétique que dans les autres départements.

On accepterait aussi l'évidence, la consécration normale d'une tradition s'imposant forcément dans l'antique domaine de l'art : et nous croyons devoir exposer brièvement de quelle manière elle s'y établit, pour démontrer tout de suite combien, en dépit de protestations aventureuses, la conception en est rationnellement fondée. L'activité mentale individuelle ébauche les premières notions plastiques; mais la vie humaine est trop courte pour que chacun puisse les mener loin; elles se transmettent alors héréditairement, par relation personnelle et biologique au premier degré, entre les individus; au second, par relation impersonnelle, collective et sociologique, entre les familles et les nations. Le développement s'étant ainsi formé, une disposition secondaire s'y fait sentir, relativement au rapport de sa fixité à sa variété. Si puissante que se montre une individualité artistique, les conceptions qu'elle introduit ne prévaudront jamais sur la totalité de celles qui proviennent de l'humanité entière ; et quel que soit le prix d'un progrès isolé, il n'en aura pas non plus autant que les autres réunis : de sorte que, en tout état de la progression, on devra tenir compte des choses antérieurement sues et convenues, et l'on n'ira pas s'imaginer que, pour réaliser une amélioration, l'on puisse rejeter les acquisitions du passé. Donc, dans l'évolution plastique, la fixité est fondamentale, et la variabilité toujours accessoire; le progrès s'y conserve et s'y poursuit par cette double condition ; conséquemment il est évident que le principe de la tradition doit y être admis comme un frein salutaire, avertissant, modérant les ambitions inconsidérées, déblayant la carrière au bénéfice de l'audace avisée; et l'ascendant qu'il y prendra ne saurait inquiéter que la turbulence (1).

Enfin, l'observation des faits conclurait à une loi plus sévère encore, laquelle cependant est commune à une infinité d'ensembles théoriques, celle de la limitation. Elle serait ici : limitation dans la matière et dans l'exploitation plastiques, en raison de restrictions à reconnaître, et les circonscrivant intérieurement à une aire inextensible par elle-même; limitation dans la force mentale, tant individuelle que collective, appelée à les mettre en œuvre toutes deux, et qui se borne aussi spontanément; limitation dans l'étendue des acquisitions réalisables à chaque époque et par chaque

(1) On nous permettra, au sujet de ce principe, d'exprimer la pensée que rien n'était plus propre à en vulgariser la démonstration, à la grande satisfaction de ceux qui le croient utile entre tous, que le musée des copies créé en 1872, par l'administration de M. Thiers, et supprimé presque aussitôt, en 1874, par celle de ses successeurs. Lorsqu'on fait tant d'efforts pour multiplier les bibliothèques, la formation de collections évidemment équivalentes pour les tableaux devait paraître à tout le monde une chose naturelle, surtout aux artistes. Cependant quelques-uns de ceux-ci répandirent l'idée plaisante qu'une copie ne pouvant être ni exacte, ni bonne, le musée qui s'organisait nous aurait habitués à la médiocrité : autant dire qu'on ne devrait admettre dans les réunions de livres que les éditions princeps ou les publications de luxe. Une statue, un tableau ne sont-ils pas avant tout des œuvres de combinaison? Et à moins de supposer que les qualités essentielles de l'original aient tout à fait disparu dans la reproduction peinte, auquel cas celle-ci serait simplement à refaire, elle donnera toujours la conception et la construction d'un chef-d'œuvre, qualités qui en sont les côtés essentiels, et ordinairement les plus instructifs à étudier. Il est vrai que ceux-là aussi avaient plus de chance d'échapper à de tels connaisseurs, dont l'opposition appartenait bien à une époque de virtuosité tout extérieure, comme on dit qu'est la nôtre. Survinrent les politiques, nouveaux, ceux-là ne soupçonnant pas sans doute que la création dont il s'agissait pût remonter à la collaboration déjà ancienne d'Ingres et de Thiers, reprise si à propos par M. Charles Blanc; et ils condamnèrent haut la main ce qu'ils prenaient pour une invention républicaine. Ainsi disparut le musée des copies, quand les travailleurs s'habituaient déjà à le considérer comme un précieux moyen d'instruction, et le public comme une propriété nationale. On organise depuis peu, au Trocadéro, un musée d'architecture, seulement française, dit-on, et l'on doit y joindre une seconde galerie pour les moulages de sculptures : ce sont là des institutions excellentes; assurément; mais quand nous rendra-t-on notre musée des copies peintes?

peuple, en raison de leur âge évolutif, pris soit en eux-mêmes, soit comparativement. De telles réductions, assurément plus rigoureuses que l'influence traditionnelle, risquent bien mieux encore de paraître oppressives, voire même irrationnelles; à ceux-là surtout qui se complairaient, sciemment ou non, dans cet état métaphysique que précisément nous rendons responsable de l'incertitude et du malaise actuels. Mais à un bien plus grand nombre, nous l'espérons, elles présenteront, ici comme partout, l'utilité manifeste d'indiquer jusqu'où l'on peut raisonnablement poursuivre la chance du succès; tandis qu'une liberté sans conditions, si flatteuse qu'elle paraisse à la vanité, à l'irréflexion qui nous sont naturelles, risquera toujours d'amener le gaspillage de nos effo rts et bientôt leur inutile épuisement.

II. Telle est l'économie réformatrice qui donnerait actuellement aux beaux-arts les avantages de l'état positif, grâce à une régulation rationnelle qui a déjà fait ses preuves dans tout le champ scientifique; elle s'appuie sur l'observation des faits, et celle-ci à son tour prescrit elle-même la relativité, l'évolution, la tradition, la limitation. Selon nous elle assurerait le succès de la transformation à laquelle nous assistons, et qui se préparait déjà à l'époque où le faisceau d'idées et d'esprits assemblé par David commençait à se désunir. La concentration que cet utile réformateur obtint de ses contemporains, il l'avait dirigée vers une conception esthétique noble et élevée; mais en même temps, à côté du sentiment de force imprimé à son école, un besoin d'affranchissement, corrélatif de l'impulsion sociale d'alors, s'y infiltrait profondément; car à ces époques énergiques l'artiste ne s'isolait pas des intérêts communs, et tout ce qui passionnait le pays le passionnait lui-même : David, Gros, Géricault; David d'Angers, Rude; H. Vernet, Delaroche, Scheffer, bien d'autres encore, ne se refusaient pas au culte de la patrie; et certes nous pouvons dire avec fierté que nos jeunes artistes, au jour des périls extrêmes, ne manquèrent pas à leur tradition, eux qui comptent autour du nom glorieux de H. Regnault tant de belles intelligences et de cœurs généreux morts avec lui. Au moment donc où la réaction ordinaire se produisait envers le système de David, deux caractères, l'élévation du style et la revendication de la liberté, marquaient dans le domaine plastique la tournure récente des idées. D'autre part, la découverte des éléments de la théorie se complétait, comme nous l'avons dit, à ce moment même. Bien antérieurement déjà l'élément de la forme était parvenu à la dramatisation, et la renaissance, en la lui imprimant, avait réalisé le rêve avorté de la statuaire antique : puis Rembandt l'introduisit également dans celui de la lumière; or nous montrerons plus loin que cette dramatisation est la dernière étape imposée à chacun des trois termes physiques constitutifs. Restait à en gratifier la couleur : ce sera l'éternel honneur de Delacroix d'y être enfin parvenu. Dès ce moment l'appareil des organes plastiques était parfait; secrètement la conviction s'en répandit; chacun se sentit autorisé, en obéissant à son instinct personnel, à choisir parmi tous les modes de l'art celui qui convenait le mienx à ses facultés : et voilà pourquoi, en présence d'une interprétation qui après tout lui est favorable, nous considérons la situation présente, non comme un cas de régression ou de décadence, mais au contraire comme le passage à un progrès nouveau; au résumé, comme un fait probablement heureux, si nous parvenons à en franchir les dangers.

Il est vrai que ces dangers sont sérieux, et de plusieurs genres : et après avoir cherché à faire valoir les côtés avantageux de la transition, nous ne pouvons manquer de montrer ce quelle présente aussi d'inquiétant. C'est avant tout la menace d'une confusion chronique qui ne saurait s'invétérer sans amener cet affaiblissement universel que l'anarchie entraîne après soi. Donc le désordre esthétique, la contradiction provenant de l'absence des principes, voilà ce à quoi il faut au plus tôt remédier; et dans ce but la nouvelle indépendance personnelle appelle le contrepoids indiqué d'une doctrine définitive, centralisant l'unification renaissante, avec l'appui d'une discipline fortement constrictive; celle-ci bientôt consentie sans doute de quiconque comprendra et les avantages et les périls de la crise. Cette doctrine, après avoir expliqué aux yeux de tous la transformation que nous subissons, créerait sans retard l'organisme dogmatique qui doit concorder avec notre avancement présent, réputé tel que les éléments nécessaires à la systématisation définitive y seraient totalement réunis. Certes, sur ce terrain, la discipline future ne prétendra pas agir immédiatement, directement, et il lui faudra se borner, en l'absence de toute contrainte, à la préparation morale qui d'ordinaire sert de fondement et de prélude à la réglementation effective. Elle ne saurait donc dépasser un état imparfait, où elle devra tout demander à l'éveil de l'esprit public, sans autre autorité que la pression de celui-ci et la valeur probante des résultats; toutefois la coopération, même à distance et sans entente préalable, d'un certain nombre d'hommes d'élite obtiendrait certainement encore à cet égard un résultat considérable, par rayonnement envers leur entourage. De plus, quel que soit le défaut d'une assiette aussi flottante, les préceptes régulateurs n'en demeureront pas moins certains : pratiquement, chacun devra plus que jamais se pénétrer de ses devoirs à l'égal de ses droits; l'artiste, le producteur, tenant en main les destinées de l'art et chargé de le conduire d'un âge à l'autre au moins sans déchet, pourra choisir son genre plastique, mais par contre il devra ne pas perdre de vue l'ensemble qui relie celui-là à tous les autres; ne pas prétendre entraver les genres voisins, inférieurs ou supérieurs; ne pas renier grossièrement les travaux du temps passé, et s'y appuyer au contraire pour progresser, en les rattachant à ceux de l'avenir; enfin veiller à ne se point confiner isolément dans sa carrière, en repoussant l'influence du milieu social, se rappelant sans cesse que l'art deviendrait un jeu méprisable le jour où il ne se consacrerait plus à éclairer, à ennoblir par tous ses moyens la patrie et l'humanité. Réciproquement le consommateur, si l'on admet une telle expression dans ce qu'elle a de relatif, ou en d'autres termes ce même public à qui l'art s'adresse, aura le droit de provoquer les manifestations nouvelles, conformes à ses instincts nouveaux; et en retour, lui qui fait surgir de son sein les travailleurs, interprètes ou précurseurs de la pensée commune, il les considérera comme ses mandataires, les entourera d'un concours spirituel et matériel, réellement actif et non simplement platonique; se gardera d'accorder une estime déraisonnable à des caprices de mode; ne se départira pas de la vénération des auteurs anciens et des chefs-d'œuvres consacrés; et donnera conséquemment ses plus efficaces encouragements aux tentatives austères, aux visées de haute portée, toujours inspirées dans une juste mesure de l'esprit traditionnel ; surtout il saura se défendre contre l'intrigue des faux artistes, éternellement habiles à escamoter le succès, dans la complicité de toutes sortes d'influences extérieures. De plus et théoriquement, les deux parties que nous mettons là en présence, les regardant comme cointéressées, s'appliqueront chacune selon sa position à s'instruire et à se tenir au courant de la doctrine esthétique, suivant que l'effort des spéculateurs dévoués à la fonder la dégagera et la livrera à leurs méditations. On remarquera que dans cette œuvre de reconfortement à laquelle notre situation transitoire nous convie, nous faisons la part égale au grand nombre et aux artistes : c'est, croyons-nous, rendre un juste hommage à ce public français de plus en plus éclairé et vibrant à toutes les manifestations idéalistes, qui, à chaque jour de repos ou de fête, envoie dans les galeries du Louvre des députations de huit ou dix mille visiteurs. Et de cette façon, par la coopération de tous en vue de l'intérêt commun, la progression de notre art national et notre contribution continue à l'art universel resteront assurées comme par le passé.

Un autre péril que l'autorité de la doctrine et de la discipline réunies serait appelée à conjurer, est la menace d'une dissolution de l'unité esthétique nécessaire au maintien du niveau mental, par la simultanéité et la concurrence de toutes les manières de voir possibles; libre exercice que l'on considérait jadis comme anormal, qui fut énergiquement combattu par chaque spécialité triomphante tour à tour, mais qui désormais, nous le répétons, aspire par la seule force des choses à se faire de plus en plus accepter et proclamer légitime. Si une telle indépendance arrivait à s'imposer en guise de but à atteindre, et non plus seulement par un effet de compétition naturelle, l'abus en amènerait une confusion contre laquelle on doit se prémunir. Traiter tous les genres d'égal à égal, ce serait probablement assurer la priorité aux moindres, vu l'ordinaire faiblesse qui nous rend si pénible le maintien de nos aspirations supérieures; ce serait organiser l'abaissement du sens artistique commun, et alors l'attente actuelle du progrès ne nous aurait conduits qu'à une chute finale, après laquelle la progression dénouée chez nous, n'aurait plus, pour se rejoindre, qu'à passer à quelque autre station sociale. Aussi l'obligation est-elle urgente d'obtenir, en face des nombreuses variétés de la fantaisie et du choix personnel, la présence constante d'artistes capables de faire prévaloir le mode traditionnel par excellence, à l'égard des trois arts, architecture, sculpture, peinture; afin que, si la division du travail vient à séparer en catégories jusqu'à un certain point distinctes les peintres dessinateurs, coloristes, luministes, la masse de leur production totale ne devienne jamais uniquement ou luministe, ou coloriste, ou formiste : ce qui, au surplus, serait une pétition de principe, un simple retour aux errements antérieurs. Car, pour que les différents points de vue plastiques puissent être exploités séparément sans préjudice, il faut que la mise en œuvre en devienne non seulement simultanée, mais complémentaire, de façon à reconstituer, au moins par la juxtaposition des expressions multiples, l'unité mentale manifestée en une seule formule dans les temps de moindre développement encyclopédique. C'est pourquoi nous insistons sur le constant avantage qu'il y aurait, comme auparavant, à ce que les diverses subdivisions esthétiques eussent devant elles l'exemple modérateur d'une ou de plusieurs individualités unifiantes ; sous cette dénomination de grand art donnée à la manifestation prédominante, pour marquer à la fois et sa qualité supérieure et son caractère universel. Ce qui après tout revient à dire une chose simple, c'est que, en aucun âge de son évolution, soit pour la soutenir, soit pour la prolonger, l'art ne pourra se passer de grands artistes.

Une dernière cause d'appréhension ressort de l'affaiblissement que l'on croit observer aujourd'hui dans la culture de ce même grand art, et que l'on attribue soit à ce qu'il perdrait de son prestige aux yeux du public et des artistes, soit à l'apparition de difficultés nouvelles relatives à son exercice. A la première supposition, l'on peut répondre qu'un temps d'arrêt passager serait trop normal à notre époque comme à toute autre, pour que, si la période contemporaine en était un, nous eussions à regretter autre chose que de vivre au moment où il se produit, et d'avoir à le traverser. Mais surtout qu'il ne saurait s'élever de doute sérieux sur les destinées prochaines de la figuration supérieure, lorsque, comme nous le relations, de pareilles foules fréquentent assidument nos musées. Elles sont peu sensibles aux manifestations de détail, ne s'attachent guère qu'à l'art total, traditionnel, encyclopédique, celui des grands maîtres : et tant qu'elles s'en montreront avides, la survivance n'en doit point sembler menacée, si l'on réfléchit que de cette même multitude sortent non-seulement les idées, mais leurs organes de réalisation, qui sont les artistes. Quant aux embarras pratiques, l'inquiétude en ce qui les concerne mérite plus d'attention. Pour se rendre compte de la question, il convient d'envisager d'abord les exigences invincibles de l'art suprême, puis la façon dont on est disposé à y satisfaire. Comportant exclusivement les manifestations les plus élevées, évidemment il est tenu à l'emploi des moyens particulièrement appropriés à développer les éléments plastiques, tant physiques qu'intellectuels, jusqu'à leur extrême limite. Ainsi l'on a reconnu que, pour la forme, c'est dans l'organisme animal, surtout dans celui de l'homme, qu'elle rencontre la plus grande somme et la principale variété de sa beauté : de là la nécessité, en cet ordre supérieur, de rechercher avant tout la représentation du nu. La couleur ensuite se trouve toujours on ne peut mieux, soit pour l'intensité, soit pour le contraste, de l'usage des grandes draperies, des étoffes non ajustées et libres : la draperie flottante devient donc à l'égard du coloris, le complément obligé du nu humain. La lumière enfin est, il est vrai, moins exigeante et s'accommode presque également bien de toutes les applications ; à plus forte raison s'associera-t-elle aux déterminations précédentes ; ce qui en favorise encore l'indication. Puis, en ce qui est de l'activité intellectuelle, il va de soi que la figuration humaine lui sera toujours la plus avantageuse, attendu que, dans l'exercice de tous les modes quelconques, elle la ramène à sa source par le rapprochement du sujet et de l'objet à travers le travail plastique. Il y a donc concordance entre les deux classes d'éléments, physique et psychique, pour réclamer l'emploi des mêmes moyens. En outre la tradition montre à son tour que dans les temps et les pays divers, en Grèce, en Italie, en Hollande, en Espagne, chez nous-mêmes, ce fut au milieu de pratiques semblables que le grand art naquit, s'affermit, se développa : dernier témoignage qui le confirmera définitivement envers l'avenir dans la conduite *sine qua non* qui l'a toujours ainsi servi. Maintenant voyons-nous que l'on se préoccupe à l'ordinaire de concilier avec ces nécessités les aspirations sociologiques modernes? Non assurément. Ce qu'ont accumulé d'erreurs en ce sens nos administrations de tous les régimes, les mauvais et les pires, du moins avant celle que nous espérons obtenir de notre renaissance républicaine, ceux-là en feraient le récit qui eurent à traiter tant de sujets mort-nés, de données ingrates, sous la désignation officielle. Pourtant en imposant à un genre, et quel genre, le premier de tous, une acception des éléments plastiques autre que celle qui lui convient, comment n'avoir pas vu que c'était se condamner à des échecs forcés, qui n'en produisirent pas moins de désastreux effet de découragement faute d'être ramenés à leurs vrais motifs? On aspire à la représentation de la vie contemporaine par le grand art; on souhaiterait, ce qui est juste et bon, de le voir traduire nos principaux drames sociaux sous une forme esthétique digne d'eux: or la *Bataille d'Eylau*, par Gros, le *Fronton du Panthéon*, par David d'Angers, sont assurément d'heureux spécimens de la réalisation souhaitée en ce cas (quoique dans le fronton, sous une apparence moderne le sujet aboutisse réellement à l'allégorie) : néanmoins peut-on dire que le caractère de ces deux ouvrages soit tout à fait celui de l'art idéaliste? Il suffit de les comparer au *Naufrage de la Méduse*, où Géricault, par un trait de génie, a si à propos saisi une occasion unique de traiter le nu dans un événement contemporain, pour être frappé de la supériorité constante des données conformes à la tradition, telle que nous venons de l'établir, sur celles qui s'en éloignent. En effet le rapprochement des deux premiers exemples et du troisième en fait précisément ressortir l'avantage par les deux côtés que nous indiquions, celui de la nudité et celui de la draperie libre. A l'égard de la draperie, la représentation de la vie moderne ne se heurte-t-elle pas sans cesse à cet obstacle ridicule, l'embarras du costume? Encore le tableau de Gros et le bas-relief de David avaient le privilège d'exhiber des habits de militaires ou de magistrats : à plus forte raison combien autre est la gêne dans les sujets à costumes ordinaires! Mais disons mieux : cet empêchement du vêtement fut pareil en tout temps. Si l'on se reporte à la production artistique de l'Italie au seizième siècle on voit que jusque-là les sculpteurs et les peintres adaptaient à tous les sujets, quels qu'ils fussent, la mise en scène qu'ils avaient sous les yeux, d'autant plus volontiers sans doute qu'alors l'habillement était relativement beau; mais que les grands maîtres survenus tout à coup trouvèrent de telles données étroites, stériles en face de leurs projets émancipateurs, et qu'ils y renoncèrent à jamais. A son tour l'usage de la nudité prête à une observation analogue. En recherchant au long de l'histoire de quelle manière elle était admise dans les œuvres d'art, il semble que ce fut le plus souvent presque aux mêmes conditions que de nos jours. La civilisation égyptienne était déjà trop avancée pour la pouvoir tolérer comme habitude de la vie journalière. Puis les Grecs, qui s'en servirent esthétiquement plus que tous les autres, ne la montraient pourtant que de façon assez exceptionnelle, dans des cas particuliers, tels que les exercices de la palestre et les concours solennels qui en dérivaient; ou bien encore lorsqu'ils avaient à figurer les images des dieux, de ceux surtout qui symbolisaient les forces naturelles. Plus tard les contemporains de Michel-Ange étaient autant vêtus que nous le sommes : et ce fut par préférence théorique et nullement par l'habitude d'en voir autour de lui qu'il sculpta et peignit en si grande majorité des figures découvertes. On a donc probablement exagéré l'influence des coutumes anciennes lorsqu'on a voulu la considérer comme un moyen d'éducation artistique spécial envers les formes du corps. Concluons qu'aujourd'hui aussi bien que par le passé, il faudra vraisemblablement laisser planer l'expression plastique suprême dans ces régions sereines du symbole qui en réalité paraissent être son cadre véritable et seul effectif : puisque là seulement elle est assurée de rencontrer constamment et sans difficulté les matériaux auxquels il lui est interdit de renoncer sans déchoir. Et que, en ce qui concerne les sujets modernes directement traités, l'on devra renoncer à en tirer ce qu'ils ne peuvent contenir, et se contenter de l'élévation restreinte qu'ils comporteront uniquement, tant que notre manière de vivre, pourtant de plus en plus sérieuse au fond, n'aura pas su rejeter ses modes absurdes et sa frivolité extérieure. Mais sous cette réserve pourquoi les grandes actualités n'offriraient-elles pas encore une carrière largement féconde à ceux qui auront amassé assez d'enthousiasme, assez d'amour du beau, plastique et moral, pour compenser une insuffisance relative dans laquelle après tout ils conserveront tant de ressources? Assurément on ne doutera pas que le vrai talent ne sache leur imprimer à nouveau l'allure grandiose dont Gros nous a légué la splendide indication, et qui prêtera toujours à leurs œuvres un lustre singulièrement imposant.

Enfin, pour préciser davantage ce qui distingue la métamorphose contemporaine, et écarter l'apparence vague qui persiste peut-être dans l'appréciation que nous en offrons, signalons celui de tous les symptômes où elle apparaît le plus visiblement, et qui sans contredit la déterminerait à lui seul, le déplacement de l'idéal plastique vers un centre nouveau. Il n'est pas douteux que cet idéal, considéré précédemment comme asservi aux croyances religieuses, ne s'en éloigne aujourd'hui; aussi à ce sujet les intéressés ne manquent-ils pas de proclamer notre décadence, comme si ce qu'ils appellent le spiritualisme artistique était de droit dans la dépendance de la foi ou de la superstition. Rien ne serait cependant moins conforme à la vérité des faits, si on interroge non plus une époque choisie mais l'évolution historique entière. Dès son commencement, nous trouvons dans la préhistoire l'art en acte bien avant toute manifestation d'un culte, lequel n'apparaît, et d'une façon jusqu'ici douteuse, qu'à l'époque de la pierre polie, seconde et même troisième division des temps préhistoriques, si l'on y envisage aussi le début tertiaire. Puis la civilisation égyptienne primitive, reliée peut-être sans transition à une assise locale des âges de la pierre, montre tout d'abord un art civil précédant l'art religieux non encore formé; et ce fut seulement plus tard que chez elle la plastique sembla se soumettre à la direction du prêtre : encore est-il à croire que, spontanément confinée dans l'abstraction déterminante au-dessus de laquelle elle fut toujours incapable de s'élever sur ce sol, même par la suite, elle acceptait avec indifférence la direction d'un dogmatisme sacré abstrait, symbolique, autant qu'elle l'était elle-même par l'effet et de son âge évolutif et du tempérament de ces peuples. En passant aux Grecs, il n'y a pas à contester qu'ils n'aient maintenu le partage au moins égal entre les deux principes, religieux et civil, par conséquent la parfaite indépendance de celui-ci vis-à-vis de son concurrent. A leur suite, les Romains dont les croyances étaient toutes politiques, ne traitèrent largement, et non de leurs propres mains, qu'un seul art, l'architecture; et certainement ils ne bâtirent pas plus de temples ni de chapelles que de basiliques, de théâtres, de cirques, d'aqueducs, d'arcs de triomphe (1). Dans les temps modernes, on convient généralement que ce fut le plus souvent par illusion que Michel-Ange et Raphael crurent plier à la formule chrétienne l'imagination de la renaissance restée païenne à travers le long sommeil du moyen âge. Et après eux, avec quelle liberté Rubens, Rembrandt traduisirent l'esprit du christianisme, l'un par le côté biblique, l'autre par l'aspect socialiste du néo-judaïsme! Il faut donc en venir jusqu'aux peintres espagnols, non compris assurément Goya et les suivants, pour rencontrer de véritables interprètes du mysticisme catholique; ceux-là en effet prirent à la lettre le mépris du corps cher aux docteurs séraphiques, au point de l'exprimer par le dédain de la forme vivante, qu'ils n'idéalisèrent jamais, tandis qu'ils exaltaient la couleur et la lumière, moins désagréables sans doute à l'illuminisme en raison de leur impalpabilité dans la nature. Et l'on atteint

(1) Le moyen âge produisit seul un art vraiment hiératique, son admirable architecture ogivale, ou gothique; mais il échoua dans la sculpture, et plus encore dans la peinture; et en général on peut dire, nous le montrerons plus tard, que son élan spécial avorta, tant par suite de ce que le caractère en était par lui-même impropre à un long développement, que par la reprise prédominante des idées antiques, beaucoup plus extensibles : en sorte que la période médiévale introduit au milieu du consensus évolutif européen un hiatus presque comparable à celui qu'y formerait l'art indien, par exemple. Aussi ne l'avons-nous pas compris dans la série décrite ici.

ainsi l'âge présent sans avoir constaté autrement que dans ce dernier cas, que l'on peut dire exceptionnel, ce qui justifierait en principe la prétention autoritaire des systèmes religieux successifs envers les beaux-arts. Il est même à remarquer que là où l'accord paraîtrait s'être fait accidentellement des uns aux autres, la conception de l'artiste prenait le plus souvent les devants sur le prosélytisme hiératique ; puisque Phidias contribua puissamment, comme on sait, à formuler l'idée philosophique d'Athéné et de Zeus, au point de vue extérieur et humain, et Raphael la figure de la Madone ou vierge-mère ; et que l'on peut croire que Rembrandt et Rubens encore, cependant après des siècles de consécration officielle, ne furent pas sans exercer une action nouvelle sur la vulgarisation de la légende populaire du Christ ; si bien que l'on n'arrive pas toujours à débrouiller lequel, de l'art ou de la religion, conduisit effectivement l'autre. Analytiquement au surplus le fait seul de sa liaison à la sociologie, fait que nous établirons plus loin, atteste que l'assujettissement de la plastique aux cultes divers ne pouvait jamais être qu'une fausse apparence, puisqu'elle a participé au mouvement historique avant, pendant et après les différentes phases théologiques, jusque dans l'état positif. En effet, tant que les religions offrirent l'expression du plus haut idéal entrevu, ou simplement la plus vraisemblable explication cosmique que chaque époque comportât, les arts n'avaient qu'à suivre : mais dès que, l'interprétation théiste venant à décheoir, l'ancienne direction tendit, comme de nos jours, à faire place à celle de la synthèse scientifique, on les voit aussitôt montrer qu'il ne leur coûtera rien de se transporter sur le terrain nouveau : tant leur est indifférente la provenance occasionnelle des manifestations auxquelles ils prêtent leur force figurative, pourvu que le fonds sociologique en demeure persistant. De là par exemple l'émancipation et l'importance maintenant si grande, trop grande peut-être, du paysage, qui autrefois excitait moins d'intérêt parce qu'on trouvait sa signification morale flottante et indirecte. De là encore la vacuité certaine d'avance de nos tableaux et statues religieux, de nos églises ou temples modernes, du côté d'une conviction conforme que l'on s'efforce le plus souvent d'improviser au moment de les exécuter. De là enfin la participation de l'esthétique plastique à la conversion nouvelle et générale de toute la poésie, lyrique, dramatique, musicale ou simplement contemplative d'une part, et de la science de l'autre, vers une concentration dont cette dernière se fait l'organisatrice. Assurément à l'avenir les arts de la forme ne s'interdiront pas d'exploiter à leur fantaisie les légendes païennes, judaïques, chrétiennes, presque toutes aptes à revêtir certaines grandes idées de leur appareil tout formé, le plus souvent merveilleusement pittoresque, et prêt à être compris aussitôt : mais il est convenu que à moins d'exception, ce ne sera plus là une interprétation directe, réelle, et qu'on y devra voir seulement un emprunt symbolique et passager, autorisé par d'évidents sous-entendus. Quant à prétendre que l'idéal artistique ne résisterait pas à la présente épreuve évolutive, et qu'il s'abaisserait bientôt vers ce que les mêmes esprits, stationnaires ou rétrogrades, qualifient de matérialisme, contentons-nous de répondre que l'idéal des horizons nouveaux se distingue précisément des précédents en ce qu'il est infiniment plus ouvert, plus perfectible, plus excitant à l'essor imaginatif ; outre qu'il a sur celui des fictions anthropocentriques, et théocratiques par extension, l'avantage non seulement de ne pas tourner le dos actuellement à toute vérité, même relative, mais de s'approcher de plus en plus de la vérité dernière, parallèlement à la science elle-même.

III. — A la suite des assertions précédentes, il est probablement utile de prévoir certaines objections qui, justement en raison de l'état des idées à toute époque de transition, ne manqueront pas d'y être faites. Quelques-uns diront tout d'abord que prétendre importer une réglementation théorique en des matières comme l'art, où tout est réputé relever de la sensibilité spontanée, c'est risquer d'engourdir l'émotion chez l'artiste, et de guider le spectateur vers le raisonnement, la chicane, alors qu'on lui demande simplement de s'abandonner à ses impressions. Mais la réponse n'est-elle pas déjà dans l'esprit de celui qui soulèverait cette difficulté ? Pour le moment écartons de la question les aperçus secondaires. Veut-on ici autre chose qu'aider la production ou le jugement des œuvres d'art? Quiconque travaille n'a-t-il pas toujours éprouvé qu'une règle, si elle est bien faite et bien comprise, devient l'appui, l'indication réconfortante de la méditation préalable, du cas difficile, de l'heure de lassitude ? Combien de défaillances une direction normale saurait prévenir! S'il n'avait pas cédé à un préjugé contre l'anatomie Ingres eût évité des écarts qui l'éloignaient de son but le plus cher, la perfection de la forme : entre autres bizarreries, son affectation d'implanter l'oreille derrière la tête pouvait-elle aboutir mécaniquement, brutalement, à autre chose qu'à désorganiser la partie environnante? On le voit dans son *Œdipe*, qui, tout beau qu'il soit, n'en a pas moins le cou et le dos démanchés par suite de cette faute première : Ingres eût donc bien fait de s'en fier à la structure du crâne plutôt qu'à certaines divagations où il aimait à se perdre. L'amateur ou l'artiste habitué à une analyse raisonnée ne critiquerait plus, comme on le voit faire sans cesse, au nom du dessin des ouvrages visant surtout à la couleur, si la distinction usuelle des éléments plastiques l'empêchait de méconnaître l'intention du tableau ; il n'attribuerait pas non plus au coloris ce qui revient à la lumière, ainsi qu'il arrive à l'égard de Rembrandt, par exemple, lequel, tout en étant un très grand coloriste, se restreignait le plus souvent à des gammes monochromes afin d'exalter l'effet lumineux auquel il réservait la préférence. Fréquemment encore l'on entend reprocher à Corot de n'avoir pas assez fini ses paysages : il serait plus exact de dire que si beaucoup d'entre eux manquent de détails, presque tous sont au contraire parachevés du côté de la composition et du clair-obscur. En sculpture, les restes des frontons du Parthénon pèchent un peu, comme les œuvres d'Ingres, par l'insuffisance de l'anatomie : les Grecs en effet s'interdirent pendant longtemps de l'étudier sur l'homme en raison de leurs usages funéraires : niera-t-on que ces chefs-d'œuvre aient eu à en souffrir? De telles citations, que l'on multiplierait à l'infini, montrent qu'en art les connaissances précises ne sauraient nuire ; bien loin de là, à peine, seraient-elles capables d'y compenser une complexité tellement accablante, qu'il n'y a pas d'œuvre ou d'artiste chez lesquels certains aspects ou ne soient sacrifiés ou ne dominent à l'excès : Raphael lui-même, le plus correct des peintres, en fournirait la preuve à ses dépens, si en dépit de son auréole on le passait au crible à son tour; et l'on serait fort surpris de trouver en lui des fautes parfois bien nombreuses, parfois trop lourdes : c'est que celui que Michel-Ange appelait si noblement « le divin jeune homme » ne pouvait pas plus qu'un autre tout embrasser à la fois. Maintenant ces imperfections diminuent-elles les beaux ouvrages ou les hommes de génie qui nous les ont donnés? Qui le croirait? Notre condition est de ne rencontrer, même dans le sublime, que des vertus relatives : comment s'en affliger envers l'art, quand la nature elle-même dans ses produits nous révèle de continuelles défaillances? Cependant, qu'en plastique comme ailleurs, on doive user des préceptes avec équilibre et mesure, il n'est pas nécessaire de le mentionner; et si c'est à la crainte de la pédanterie que s'attacherait la contradiction, ou à l'entêtement possible d'un point de vue unique ou exagéré, personne n'a jamais dit que la création artistique ne s'entoure pas de mille fondrières, où la chute par excès de théorie serait moins à redouter que les autres. Assurément un voyageur qui prétendrait connaître une ville rien que sur le plan et sans descendre de voiture, ferait preuve d'une singulière manie : ce qui n'empêche qu'un plan ne soit un excellent guide. Quelles que soient donc les circonstances, le tact sera toujours la qualité le plus constamment en jeu chez l'artiste ou le connaisseur. Mais l'architecte qui combine sa construction, le peintre qui rêve à son tableau, le sculpteur qui dispose en esprit les masses, les creux, les formes de sa statue ne trouveront jamais qu'ils puissent avoir trop de moyens de prévision. Suppose-t-on d'ailleurs que Michel-Ange, Rubens, Véronèse, Raphael auraient eu la production saine, rapide, abondante que nous leur connaissons, si par crainte de lier leur pensée, ils s'étaient refusés à garnir leurs têtes puissantes d'excellentes doctrines; bien que, malheureusement pour nous, ils ne les aient pas formulées en dehors de leurs ouvrages? Or la théorie plastique ne peut être que le fonds commun, le résumé des principes qui les dirigeaient, ou qui ressortent de leurs travaux : et nous persistons à estimer que ce qui les a soutenus ne nous nuirait pas à nous-mêmes, au cas où nous pourrions l'obtenir.

Avouons-le plutôt : l'abus des réglementations, dont la tendance à ne pas surcharger inutilement notre mémoire préservera suffisamment les gens de bons sens, nous paraît moins à craindre qu'un entraînement contraire, favorisé peut-être à l'avenir par la division du travail, et par la vie conséquemment plus isolée de l'artiste : nous voulons parler de la négligence des études premières. Sous ce rapport la fréquentation prolongée de l'atelier d'un maître, qui par le passé fut la loi commune, offrira toujours une précieuse garantie d'éducation fondamentale : et rien ne remplacerait les exercices méthodiques longtemps suivis, et faits en commun sous l'œil du professeur et des condisciples : Géricault et Ingres ont laissé un grand nombre de ces morceaux d'étude. Combien d'artistes au contraire, après s'être éloignés hâtivement de l'école, en croyant gagner du temps et pour céder à leur ardeur de produire, se sont aperçus ensuite et avec regret qu'ils s'étaient en réalité retardés! Il est évident que la possession d'une systématisation générale une fois construite hâterait la conclusion des études techniques; et cette conviction nous a, pour une bonne part, incité au présent essai de théorisation. En effet rien de plus efficace, de plus abréviatif pour l'instruction en toutes matières, que la faculté de rapporter chaque notion à sa place logique, dans un plan complet, clair, conséquent, dont les divisions soient expérimentales, rationnelles, démontrables; tel en un mot qu'en possèdent les grandes sciences générales, et tel que la plastique nous semble parfaitement destinée à en recevoir un à son tour. Toutefois une telle acquisition ne réduirait pas la durée de l'éducation professionnelle au delà d'une certaine mesure : et la raison en est péremptoire parce qu'elle est physiologique. On ne s'étonne pas qu'un violoniste consacre dix ou douze ans à apprendre, en voyant chaque jour le travail de ses doigts se perfectionner : mieux vaudrait envisager l'effort de son cerveau, où s'établit cette chose capitale qui est la fonction réflexe. Celle-ci, après que la perception s'est habituée à se transformer en volonté, puis en exécution, doit changer encore l'acte conscient et voulu en pratique tellement intime qu'elle en devienne comme involontaire : l'on comprend alors que dix ans passés à remuer, labourer, façonner, pour les contraindre à l'effet exigé, des cellules psychiques jusque-là indifférentes, ne soient pas un laps de temps disproportionné au résultat. Or c'est exactement le même qu'il faut atteindre dans l'éducation plastique : donc, quel que puisse devenir un jour ou l'autre le secours des méthodes, il y faudra toujours admettre l'obligation de se résigner à ces travaux préparatoires dont on acceptait jusqu'ici, et dont on acceptera toujours sagement la contrainte salutaire.

Mais, dira-t-on, à parler sans cesse des maîtres du passé et à se référer à leur exemple, n'oublions pas, Molière nous en avertit, que les anciens sont les anciens, tandis que nous sommes les gens d'aujourd'hui. Il est vrai, toutefois aussi, que l'on n'exagère pas la différence. Dans l'incommensurable enlacement du monde matériel qui nous porte, la part commune à tous les corps est énorme, celle qui diversifie chacun reste minime; le vert, le rouge du prisme contiennent plus de rayons neutres que de rouges et de verts ; notre grand-père préhistorique de Cro-Magnon, se promenant parmi nous sous notre costume, nous ressemblerait peut-être plus qu'on ne croit : pareillement, en évolution plastique, la fixité, nous l'avons déjà dit, domine la variabilité. On aurait donc tort de supposer que ce serait nuire à ce qui fait et doit faire notre art national, au développement désirable de nos aspirations françaises et modernes, que de chercher à s'assimiler l'héritage de l'éducation antérieure. C'est là à la vérité un degré d'évolution auquel on ne doit pas s'arrêter, tout prééminent qu'il soit ; mais encore moins saurait-on s'en passer. Delacroix aurait pu visiter l'Italie, comme le fit Rubens, et comme Murillo visita ensuite les Pays-Bas illustrés par ce même Rubens et par Rembrandt ; Ingres apprendre le paysage, à l'imitation de Titien qui le peignait si bien ; Courbet dessiner d'après Michel-Ange ; Fortuny emprunter à Raphael sa simplicité, sa limpidité d'aspect ; tous ces artistes fortement doués se seraient complétés ainsi de manières diverses, sans amoindrir leur personnalité, sans cesser pour cela d'être eux-mêmes. Nous appartenons esthétiquement à un étage évolutif élevé; on le sent aux exigences que l'on montre envers les productions actuelles, puisque si l'on est parfois assez injuste pour oublier ce qu'elles ont de bon, il n'y a qu'une voix d'ordinaire pour signaler du premier coup tout ce qui leur manque : il faut donc commencer au moins, ne fût-ce que pour tenir tête à ses juges, par englober le progrès précédent, à la mesure duquel on sera jugé. C'est en vue de ceci que Delacroix disait : Vous n'inventerez pas la peinture, ce qui signifie : puisqu'elle est adulte, et que d'ailleurs livré à ses propres forces, chacun, en tous les arts, serait sûr de rester embourbé dans les tâtonnements primitifs, ce que nous avons de mieux à faire est de nous mettre au courant vis-à-vis d'elle. Mais assurément aussi, l'on distinguera ce que nous devons apprendre en guise de fonds commun, de ce qui sera rejeté comme superficiel, personnel à chacun, nuisible à tout autre : quiconque emprunterait à un maître du passé ses apparences extérieures, ses fantaisies, ses défauts même, ainsi qu'on l'a vu faire parfois pour s'assurer une originalité de reflet, celui-là, ce pasticheur, serait condamné d'avance à l'anéantissement. Mais puisque, si la nature extérieure offre spontanément ses termes physiques, elle ne saurait sans notre concours produire les organes plastiques intellectuels ; puis donc que les principes, les éléments des arts naissent et se développent uniquement par le travail humain à travers les âges, il y a obligation stricte de les demander au développement historique : et l'artiste qui les ira recueillir chez nos prédécesseurs, on pourrait dire chez nos ancêtres, non seulement n'a rien à redouter du commerce de ceux-ci, mais aura pris la seule voie qui puisse le mener au but. On remarquera que nous proposons à l'étude la série évolutive entière, non telle ou telle de ses phases : et que l'étendue en est une garantie déjà sûre contre la tentation d'une copie directe, irréalisable en face de modèles multiples. Au surplus, il serait bien impossible que quelqu'un remontât le cours du passé au point de se dérober tout-à-fait à son propre temps ou à son entourage, dans les mauvaises attaches comme envers les bonnes. Aussi les Français de nos jours qui seront artistes peuvent-ils être assurés de différer grandement, quoi qu'ils fassent, des artistes grecs ou italiens, tant anciens que modernes, des Anglais ou des Chinois, voire même des autres Français contemporains de François Ier ou de Louis XIV ; tandis que dans l'étude des périodes précédentes ils auront puisé d'abord, par l'exercice même de leurs facultés, assez de force et de facilité pour développer leur caractère individuel, et par conséquent celui de notre art national ; et en outre, l'indispensable connaissance de la matière plastique contenue dans l'histoire.

Ajoutons une dernière remarque préventive. Notre rôle à l'égard du régime esthétique actuel se borne évidemment à reconnaître la loi qui le régit, et l'explication que nous en proposons ne saurait comporter aucune responsabilité envers un état de choses établi : cependant il nous répugnerait grandement qu'elle parût tendre à consacrer, par une reconnaissance théorique, quelque germe funeste à l'avenir qui y aurait été caché. Et comme la solution à laquelle nous arrivons conclut à une manière d'être qu'on pourrait appeler l'éclectisme plastique, nous tenons à l'affranchir de toute analogie avec la doctrine philosophique du même nom. En philosophie, la vérité, quoique encore relative, est une à toute période de son développement successif, et dépend toujours de la meilleure explication cosmique fournie à chaque âge par la spéculation correspondante. Dès lors détacher des systèmes antérieurs telle ou telle solution partielle qui ne saurait probablement s'adapter à la synthèse dernière, seule propre à un temps plus avancé, ce serait montrer de l'indifférence à l'endroit de l'interprétation exposée par la meilleure doctrine; ce serait faire acte de scepticisme, même au sens vulgaire et fâcheux. Rien de semblable n'est à craindre en plastique. Le système organique y est spontanément décomposable en parties distinctes, et la vérité, ou si l'on veut l'exactitude qui appartient à son ensemble se retrouve entière dans chacune de ses parties: en sorte que si un peintre, par exemple, faisait un tableau correct à lui seul à l'égard des trois éléments réunis de lumière, de couleur et de forme, ce tableau ne serait pas plus vrai en principe que trois tableaux séparés, également justes chacun envers un seul de ces éléments. Les centres sont ici multiples, un pour chaque terme; on peut en les superposant reformer le centre général; on peut les séparer et les envisager isolément : dans les deux cas il y aura choix entre des vérités de même valeur, il n'y aura pas plus de scepticisme dans une sélection partielle que que dans la préférence totale. Ainsi les fins de recevoir que l'on adresse à l'éclectisme philosophique n'auraient, on le voit, aucune application à celui que nous considérons comme désormais normal, dans l'état de maturité définitive où l'esthétique figurée paraît s'être élevée présentement.

Il semble qu'il serait maintenant plus aisé de répondre

à l'expression de doute que nous relations en commençant, et par laquelle on entend parfois énoncer que : « en art, personne ne s'y connaît ; » ce qui, nous le supposons, reviendrait à dire que la contradiction des opinions y est portée à un tel degré que sur aucun point il n'y aurait possibilité d'obtenir une entente quelconque. Or les conceptions indiquées jusqu'à présent ne démontrent-elles pas la faculté d'établir, lorsque la théorie aurait été construite, un consensus moyen, d'une part envers la connaissance abstraite des principes et des éléments de la synthèse, d'autre part envers la production des œuvres d'art, comme envers la critique dogmatique dont nous allons parler plus bas ? En ce cas, si nous ne nous abusons, dès qu'ici le champ de la plastique aura été exposé, ses éléments connus, répartis entre leurs divisions selon une hiérarchie logique, ses principes déduits, démontrés, le tout, autant que nous le pourrons faire, avec une rigueur analogue à celle des méthodes scientifiques modernes, ou bien nous aurons échoué dans notre tentative, ou bien quiconque voudra prendre connaissance de ses résultats possédera à l'avenir un ensemble d'aperçus motivés qui lui permettra de se diriger à travers les questions artistiques en proportion du temps et de la peine qu'il aura consacrés à se les assimiler. Nous disons temps et peine, car nous ne pensons pas que l'acquisition ne fût-ce que d'indications suffisantes à régler la pure méditation contemplative, soit en face de la nature, soit devant les créations figurées, puisse se passer d'une initiation qui mette de l'ordre dans les idées même les plus spontanément clairvoyantes, et chez les tempéraments intellectuels spéciaux ; à plus forte raison que l'assouplissement à ce jeu des actions réflexes que nous exposions, t qui fonctionne soit dans une fréquentation approfondie des arts, soit dans leur exercice direct, puisse s'obtenir sans une longue et patiente élaboration. Il sera donc loisible à chacun de s'avancer en ce sens autant qu'il en aura le sincère désir. Et selon que la connaissance appuyée sur le raisonnement se sera vulgarisée, ou se confirmera chez ceux qui l'auront possédée auparavant, le doute cessant, l'ordre se retablirait dans le domaine esthétique. En même temps l'organisation doctrinale communiquerait à l'esprit une faculté nouvelle, celle de la prévision : on saura quels éléments, quels principes doivent être mis en emploi dans telle ou telle donnée représentative ; on devinera, jusqu'à un certain point et dans la mesure admissible, ce qui en devra ressortir ; on appréciera logiquement à quel degré chaque œuvre d'art se sera conformée à ces indications préalables. De cette façon les deux termes méthodiques consensus et prévision deviendront des moyens fixes, pratiques, portant avec eux leur preuve, mis à la disposition de la critique tant générale que professionnelle, aussi bien qu'ils aideront d'autre part au travail créateur : et l'on comprend combien, le jour où une majorité d'opinion se serait formée de cette manière, il deviendrait plus agréable et plus facile ou de traiter les questions abstraites, ou de se livrer au jugement artistique. Enfin et accessoirement, en un tel état du sentiment commun, l'administration, sorte de pouvoir exécutif qui prend en main la double tâche d'aider à la production artistique et d'en diriger une partie vers la satisfaction des besoins sociaux immédiats, se sentirait sans doute mieux à l'aise dans sa fonction : elle se tracerait d'après des principes certains une suite d'agissements conformes aux règles doctrinales, aux exigences du temps, aux façons de tirer parti de tous les talents ; et elle aurait la sécurité de sentir devant elle une opinion publique ferme et manifeste, à laquelle il lui serait assuré de donner satisfaction dans ses actes ; de même qu'elle trouverait les artistes probablement plus confiants : ce qui serait se procurer d'excellentes conditions d'accord et de succès.

CHAPITRE DEUXIÈME

I La vue plastique. — Les deux milieux de la plastique. — Sa détermination. — Sa base. — Son domaine — Son but. — Origine des faits qu'elle s'attribue — Leur adaptation — Irréductibilité de leur groupe — II. Son milieu externe ou inorganique est : universel. — Statique — Objectif. — Son milieu interne ou organique est : particulier. — Dynamique. — Subjectif. — Secondairement objectif — L'élément physique forme son premier principe constitutif. — L'élément intellectuel forme le deuxième. — Son mécanisme évolutif. — III. Son point de vue scientifique. — Son rang encyclopédique. — Sa méthode — Son criterium — IV. Développement des faits concrets. — Ils se résument en termes abstraits. — Et ceux-ci produisent les organes propres du système plastique. — Leur classement. — Limites de chacun d'eux. — Limites du cycle organique — V. Division des arts. — Leur hiérarchie. — VI. L'institution actuelle est logique et provisoire. — Nécessité d'un examen historique des œuvres artistiques. — VII. Résumé : notions isolantes et constitutives. — Notions concordantes et organisatrices : science. — Art. — Indications relatives au plan de ce traité.

I. — Si l'on suppose un groupe de spectateurs placés sur quelque coteau découvert et considérant une plaine étendue devant eux, il pourra se rencontrer dans le nombre un géologue, un chimiste, un agriculteur, plusieurs autres spécialistes encore, enfin un peintre ou amateur d'art : tous verront les mêmes objets, mais chacun individuellement les envisagera avec une pensée à lui personnelle, probablement conforme à la direction accoutumée de son esprit ; et l'un ou l'autre des modes contemplatifs propres à ces observateurs commande un ensemble de sensations et d'idées, de déductions et d'aperçus émanant d'une même intention, concourant à une fin particulière. Or celui que pratique l'artiste est également une conception choisie, distincte, que nous pouvons nommer vue plastique, puisqu'on appelle plastique l'ensemble des arts figuratifs auxquels elle correspond. Cependant, tandis qu'il n'est pas un des systèmes énumérés ci-dessus auquel n'aient été consacrés des traités nombreux, où les matières afférentes sont mises au jour, longuement étudiées, incorporées à la discussion scientifique, la vue plastique avec ce qui en dépend a été rarement l'objet de spéculations directes et réellement doctrinales. Assurément on a beaucoup écrit et l'on écrit chaque jour sur les arts, avec éclat, avec ce sens exquis que les renouvellements modernes développent envers la nature, mieux comprise en sa beauté intime à mesure que la science presque à l'égal de la poésie s'en fait la révélatrice ; on en a même produit des théories partielles bien fondées et durables. Mais ce qui manque encore c'est une investigation conduite d'après les indications positives récentes ; qui s'attache au phénomène plastique dans sa racine, dans ses conditions objectives, dans son développement, jusque dans ses applications, en usant rigoureusement d'une méthode d'abord expérimentale, ensuite rationnelle. Aujourd'hui que l'on pénètre tant de côtés auparavant inconnus du monde où nous vivons, ne pourra-t-on définir, démontrer ce que sont les objets offerts à nos yeux dans l'aspect naturel ; par quels procédés l'esprit les conçoit, puis en mélange la notion à nos pensées et à nos sentiments ; comment enfin l'artiste qui semble entrer en communion avec tous, tant la foule s'intéresse aux arts, tant lui-même cherche à s'unir aux instincts de la foule, sortira du tâtonnement où la déception l'arrête devant les voies nouvelles qu'il entrevoit ? La solution du problème embrassant ces fins diverses est le but de l'essai que nous proposons d'entreprendre.

A la première inspection, l'on reconnaît que la vue plastique procède d'abord de la perception oculaire, commune notamment aux diverses manières d'envisager la nature que nous énoncions tout-à-l'heure ; un ciel lumineux, une campagne colorée par la végétation, une montagne dont les lignes se profilent à l'horizon, sont telles assurément pour le savant aussi bien que pour l'artiste ; secondement, d'une acception intellectuelle tout à fait exclusive de la visibilité physique. Elle participe donc concurremment des deux milieux qui nous sont propres, l'un extérieur, général, indépendant de notre volonté, comprenant le monde qui nous entoure, et nous-mêmes corporellement ; l'autre interne, particulier, où l'esprit se dirige librement en tel ou tel sens, et embrassant à la fois les objets et les actes de la pensée.

Toutefois, dans le rapprochement de ces milieux, la vue formée à leur contact recevra son indice différentiel de l'appropriation par laquelle l'acte psychique s'attache à la visibilité extérieure ; cette appropriation en est évidemment le point caractéristique, puisque sans elle tout y resterait commun avec les autres vues quelconques. De plus nous constatons en nous une tendance spontanée à considérer, soit par curiosité scientifique, soit par désir du beau, l'univers physique dans la connexion de ses qualités visibles, tendance qu'on ne saurait ramener à aucune cause supérieure, ce qui prouve sa valeur propre : et c'est l'usage de cette faculté, en d'autres termes l'application intentionnelle de notre sensibilité optique et de notre force mentale combinées à l'aspect de la nature pris en lui-même, qui constitue la spécialisation susdite ; conséquemment c'est par elle que se trouve déterminée la vue naturelle dont nous allons nous occuper.

En cet état de choses le fait artistique, si nous parlons empiriquement, ou esthétique, si l'on raisonne par voie abstraite, naît donc à la rencontre de la visibilité et de l'intellect ; et comme il présente le phénomène créateur et initial d'où proviendront tous ceux de la série correlative, la dualité indissoluble de ses termes générateurs forme ce que l'on peut considérer comme la base de la plastique : soit l'assise fondamentale de la doctrine qu'il s'agit d'instituer à son égard, et en ce qui concerne le présent travail, le point de départ de notre élaboration.

Mais en exposant les deux facteurs de cette base nous nous trouvons par cela même avoir indiqué virtuellement la teneur de la science que nous avons à construire, puisqu'ils en sont les pôles extrêmes, et qu'entre eux la plastique est nécessairement comprise. Il faut en effet que tout ce qui sera de son domaine procède ou de l'un ou de l'autre, et ressorte de leurs actions et réactions réciproques, alors qu'ils sont ses seuls agents et la source unique de ses produits. C'est pourquoi il n'y a pas à chercher ailleurs la situation et les limites de la matière dont elle va prendre possession : déjà nous l'embrassons en son étendue entière, correspondant au territoire ainsi tracé indirectement.

En même temps son but nous apparaît dans le rapport à la fois scientifique par la théorie, et artistique par la pratique, qui doit survenir entre ses points d'appui ; c'est-à-dire, comme il vient d'être dit, entre la manifestation physique et l'activité intellectuelle : car ce but ne peut différer de la fin où tend le travail interposé, et toute fonction exercée, tout résultat obtenu par leur concours le vise et s'y applique. On peut donc le définir : systématisation et mise en œuvre des éléments et conceptions plastiques, à l'égard soit de leur connaissance doctrinale, soit de leur exploitation par les arts figuratifs.

Complétons ces indications préliminaires en recherchant l'origine des faits appartenant à l'ensemble dont nous venons d'ébaucher l'exposé, faits auxquels on peut attribuer le même nom qu'à la vue dont ils dépendent, nous voulons dire le nom de plastiques ; et à cet effet considérons successivement chacun des milieux qui se les partagent. Il a été énoncé indirectement, lorsque nous nous occupions de séparer la présente vue des différentes conceptions imaginables de la nature, que les éléments appartenant au groupe externe ont, dans leur état général et avant toute différentiation, une existence antérieure à la dérivation que ce groupe en fait ensuite à son profit: ce qui indiquait qu'ils sont disséminés primitivement dans l'ensemble des propriétés inhérentes aux objets naturels. Après quoi la distribution analytique les ayant répartis entre les sciences majeures, mathématiques, physique, chimie, biologie, à l'exclusion de la sociologie, puisque dans cette première division il ne s'agit que de choses corporelles, alors seulement notre science spéciale intervient pour prélever en celles-ci les phénomènes de sa compétence; ce qu'elle ne saurait faire d'ailleurs qu'en tenant compte des qualifications qu'ils en ont reçues, et en les leur conservant. A son tour le milieu interne présente également des faits de source étrangère, lesquels étant purement intellectuels, sont puisés dans les sciences d'ordre organique, les uns dans la biologie, les autres dans la sociologie, ces derniers en raison de leur évolution parallèle au développement historique; et gardant tous aussi les attributions à eux imposées en ce premier séjour. Somme toute, la substance des deux milieux nous révèle une provenance d'emprunt; mais cette extraction lointaine, au lieu de nuire à la plastique, la reliera au contraire à l'ensemble de la vie et de ses intérêts; et c'est elle qui dotera ses manifestations de la faculté d'exprimer, à l'aide des moyens représentatifs à la fois si pénétrants et si facilement accessibles dont elle est pourvue, l'infinie multitude d'aspects, d'idées, de sentiments qu'offrent le monde des corps et celui de la pensée, autrement dit la presque totalité de ce que nous pouvons connaître, nous-mêmes compris.

Il est bien entendu cependant que sur ces caractères nés au dehors, la plastique greffera les siens propres; afin de s'attacher les phénomènes de son choix par des déterminations différentes et spécifiques, sans lesquelles elle-même n'aurait pas de raison d'être. Nous savons que ces seconds caractères naîtront du rapport de l'aspect physique à une action mentale adaptée; avec eux, ces phénomènes prendront leur signification définitive, désormais indépendante, et à partir de ce renouvellement, s'engageront dans une distribution catégorique sans analogue, celle de la systématisation recherchée ici. De cette manière, notre science détachera ses faits électifs de leurs localisations anciennes, se les appropriera pour toujours, et en formera le faisceau commun, la collectivité distincte et nettement particularisée à l'intérieur de laquelle ils devaient se montrer décidément plastiques.

Ainsi les concepts affectés au nouveau domaine offrent, dès qu'ils s'y annexent, une physionomie jusque-là inconnue, une valeur proportionnelle au rôle immense des arts dans la civilisation ; et la spécialité de leur assemblage, dont aucune autre synthèse ne saurait s'attribuer ni l'adjonction, ni la connaissance, est assez évidente, par les raisons précédemment émises, pour qu'il puisse être déclaré absolument irréductible. Malgré cela nous ne voyons pas jusqu'ici qu'il ait pris place dans la série scientifique, bien que la raison démontre que les objets recueillis en lui ne peuvent rester plus longtemps sans classement, et que la lacune ouverte par le défaut de leur théorisation doit être enfin comblée. Signaler une telle situation n'est-ce pas assez prouver les titres de la plastique à une institution régulière, normale, systématique ?

II. — Nous voici dès à présent en possession d'un premier ordre de connaissances embrassant les milieux, la base, la matière, le but de la plastique ; c'est un commencement d'organisation qui, sans plus tarder, aboutit à la mettre à part. Etudions maintenant en eux-mêmes et tour à tour, chacun de ces milieux constitutifs explorés déjà dans leurs attaches circonvoisines. Les faits appartenant au principe externe tiennent de leur relation constatée avec les sciences mathématique, physique et biologique, par l'application de cette dernière à l'aspect des animaux, le caractère inaliénable de la fixité inorganique : ils ne peuvent ni varier ni évoluer, et apparaissent aujourd'hui tels qu'ils furent et seront toujours. Il en résulte que les phénomènes rencontrés en cette catégorie, qui sont la lumière, la couleur et la forme, tous vulgaires et usuels, seront proclamés universels dans l'espace et dans le temps, et identiques dans toutes les contrées et à tous les moments de l'histoire ; car l'on ne saurait considérer la successivité de leur révélation à travers les âges et la série des peuples, selon la marche de l'esprit qui la produit, comme s'opposant à l'éternité de l'état complet, quoique latent, où ils existaient avant que le travail des générations les eût mis au jour. Il va sans dire d'ailleurs que le degré d'éducation de celles-ci règle l'avancement de la connaissance à leur égard.

S'il en eût pu être autrement, leur avènement se serait montré sans doute diffus, contradictoire, et probablement rebelle à leur rapprochement ultérieur; tandis que l'universalité qui indirectement les prive de toute faculté de changement autre qu'une apparition historique échelonnée, a permis que leur succession se développât en ligne droite, abstraction faite d'intermittences et de déplacements accidentels, en suivant les besoins intellectuels progressifs et la facilité plus ou moins grande de leur extraction; et que de leur côté ils assurassent ainsi à la plastique l'unité de constitution qu'elle réclame à l'égal de toute autre suite doctrinale. L'élément externe forme donc en elle une première assise de notions à l'abri de tout bouleversement, disposition qui assure sa consistance totale: et il y remplit la fonction statique.

En outre dire que ces faits, étant inorganiques, sont dès lors universels et immuables, qualités exclusives d'aucune influence de notre part, c'est dire encore qu'ils sont objectifs. L'action mentale ne les crée ni ne les modifie ; elles les trouve tout formés dans la nature, et se contente de les évoquer, de les amener à la perception psychique, dans les conditions particulières énoncées plus haut. C'est là encore un précieux avantage pour notre science : et cette première classe de phénomènes se trouvant, elle aussi, protégée contre les entraînements possibles de l'appréciation personnelle, contribue par là également à l'affermissement de sa doctrine. Ajoutons que l'on aurait tort de penser que la considération d'objectivité et de subjectivité puisse être indifférente pour nous, ou seulement relative au côté didactique de notre systématisation ; c'est-à-dire négligeable peut-être dans une recherche dont la portée n'est pas directement philosophique. Quoique aussi bien la présence de tout ce qui est nécessaire à sa trame logique doive lui assurer, autant qu'il dépendra de nous, la régularité et l'exactitude. Mais il n'en est pas ainsi : et l'exercice des arts a un besoin réel, immédiat de la distinction qui nous occupe ; car il en attend un secours tout à fait effectif (1). Bref le milieu physique et externe compte parmi ses déterminations le caractère d'objectivité : et les qualifications que nous venons de formuler à son sujet lui assignent, dans la synthèse, la fonction organique d'ordre et de staticité.

Arrivant au second milieu, interne et psychique, on peut présumer que les aperçus qui le concernent se montre-

(1). Les arts n'empoient pas indifféremment les notions à leur usage selon qu'elles sont objectives ou subjectives ; à chaque genre figuratif aussi bien qu'à chaque période du travail de réalisation correspondent les unes ou les autres exclusivement. En peinture par exemple, l'étude d'après nature, figure ou paysage, le portrait simple, les sujets de la vie ordinaire, la nature morte procèdent presque uniquement par imitation, c'est-à-dire de façon objective : au contraire le portrait historique, les grands sujets sociaux, les motifs de plastique pure ou propres au style relevé tel que celui de la fresque, se traitent surtout par abstraction, idéalisation, dramatisation, modes divers de la voie subjective. La même division s'établit pour l'exécution : dans l'ébauche, lorsque après la période des études préparatoires le peintre se met en face d'une toile pour commencer son tableau, dans cette phase initiale il suit son impulsion intérieure sans subir aucune contraite venant du dehors : c'est encore là la marche subjective : mais quand il veut ensuite finir ce tableau dont les conditions ont été fixées au temps antérieur, il doit se borner à parfaire les préparations déjà arrêtées, et alors il procède en majeure partie par objectivité. En sculpture, les choses se passent également ainsi, et à plus forte raison : car il y est bien plus impossible de changer des dispositions décidées arbitrairement, mais une fois pour toutes, lors du dégrossissement du marbre. On voit comment l'artiste aurait tout profit, au moment soit de choisir la spécialité de sa production, soit de parcourir les degrès divers de la mise en œuvre, à s'assurer au juste des principes méthodiques sur lesquels il devra se guider alternativement.

ront inverses de ceux du premier, puisque tous deux se divisent les attributions à l'exclusion l'un de l'autre. Avant tout, nous devons ici établir une distinction : si, à propos des faits qui sont à rechercher, nous avions à considérer la présence des fonctions mentales dans l'intellect, nous rencontrerions encore, comme envers le milieu interne, des notions générales. En effet non-seulement certains appareils organiques sont identiques dans les animaux supérieurs, tels que l'œil, construit de même évidemment chez l'homme et chez le cheval, autrement le cavalier et sa monture ne pourraient se diriger d'un commun accord ; mais la plupart des conceptions qui peuvent leur convenir se présentent semblables en eux, sauf le degré d'intensité évidemment toujours grandement variable; notamment celles de l'instinct esthétique, fréquemment manifesté et observé parmi les hauts degrés de l'échelle zoologique. Toutefois ce n'est pas actuellement l'existence des facultés qui nous intéresse, mais bien leur exercice; et les conséquences du partage sont grandes. Comme l'éducation décide presque seule, leur germe étant donné, de l'énergie et de la qualité de nos fonctions intellectuelles, il faut en conclure que les actes plastiques correspondants ne peuvent varier qu'en raison du développement instructif, c'est-à-dire selon l'individu et l'âge, selon le groupe social et l'époque envisagés. Conséquemment autant les faits externes ont été reconnus universels dans leur fixité, autant les internes doivent être déclarés particuliers, par suite de cette variation essentielle.

Ils sont également mobiles, ce qui est un effet de leur particularité même, et presque l'équivalent de la variabilité susdite ; attendu qu'à moins d'inachèvement décisif l'immobilité ne peut caractériser que des termes spontanément complets : or tel n'est pas le cas ici, où le perfectionnement croît jusqu'à la plénitude de la série. Premièrement les autres faits, les faits extérieurs étant inertes, il leur fallait pour se produire au dehors un instrument étranger que l'élément spirituel pouvait seul leur fournir. Remarquons en passant cette preuve de la solidarité des deux milieux : le premier sans le second serait comme non avenu, puisqu'il n'aurait pas été démontré, et le deuxième, celui en qui réside notre aptitude artistique, resterait sans emploi s'il ne s'appliquait au premier ; ou mieux encore ne se serait jamais constitué. Secondement le principe interne devait en plus, et derechef par ses propres forces, évoluer sur son fonds respectif lorsqu'il eut à se développer : et il fut ainsi amené à promouvoir et la classe externe et la sienne propre, c'est-à-dire tout le domaine esthétique. Les éléments internes sont donc essentiellement extensibles et progressifs, attestant dans les choses de l'art la destinée de l'homme en toutes ses directions, qui est de s'élever d'un état primitif rudimentaire vers une grandeur croissante. Dans leur enchaînement ils avancent par périodes échelonnées, où ils procèdent initialement de l'essor individuel, ensuite du travail d'ensemble des divers groupes sociaux, chacun de ceux-ci recueillant les produits isolés du génie contemporain et national, puis les acquisitions héritées soit des temps antérieurs, soit des contrées voisines. Mais il arrive alors que la variation concourt avec l'épuisement forcé des individus ou des races ; aussi leur allure offre-t-elle une alternance tantôt progressive, tantôt stationnaire, tantôt régressive, toutefois sans possibilité d'arrêt définitif, grâce à l'irrésistible impulsion fonctionnelle qui renouvelle sans cesse le mouvement interrompu. Dans cette marche en avant, nous reconnaîtrons que les phases parcourues seront celles : de l'observation, de l'abstraction, de l'idéalisation, enfin de la dramatisation, phases que nous énonçons simplement maintenant pour en faire connaître sans retard la série ; mais qui devront être démontrées ultérieurement une à une, à leur rang d'exposition. Ainsi, en raison de cette activité évolutive, les faits du milieu intellectuel remplissent dans notre système le rôle dynamique.

Et puisqu'ils sont particuliers et évolutifs, c'est qu'ils sont aussi et enfin subjectifs ; en sorte qu'ils possèdent à eux seuls toute la spontanéité, toute la vitalité de la matière plastique. En effet leur fonctionnement en accumule d'abord, comme on l'a vu, les éléments physiques et psychiques : puis, en vertu de l'automatisme qui les distingue, ils procurent aux autres et à eux-mêmes et la connexion logique, et l'exploitation dans l'exercice des arts : grâce à eux, le système doctrinal se construit; grâce à eux, les diverses modalités figuratives font jaillir hors de nous-mêmes nos idées, nos sentiments les plus intimes, les plus subtils, les plus puissants, revêtus d'une expression spéciale, accessible aux esprits de tous les genres, aux peuples de toutes les langues, aux générations de tous les siècles ; et cela avec non moins de force, et certainement plus de précision à l'égard du moment choisi, que n'importe quelle autre traduction parlée, chantée, écrite. Aussi, si l'on est en droit de considérer la plastique comme un second langage plus universel que l'autre dans l'espace et dans le temps, et conséquemment comme un de nos principaux instruments de civilisation, on doit reconnaître que la subjectivité est en elle le meilleur véhicule de la force esthétique, la faculté figurative maîtresse, celle qui fait de tout le champ artistique une circonscription mentale décidément rangée sous sa dépendance, bien que fondée sur une objectivité profonde.

Cependant, précisément à cause de son extrême liberté, la subjectivité a ses périls bien connus : individuelle et mobile, elle peut varier à l'excès, se tromper de route, aller au-delà du but; et la progression qu'elle conduit avait besoin d'un frein compensateur : elle est assez heureuse pour le rencontrer dans l'usage, dans le bénéfice du temps. Mais là il se produit une métamorphose intime dont il faut expliquer le procédé. A mesure qu'ils émergent, les faits internes se greffent les uns sur les autres : les premiers en date, qui sont aussi les plus simples, se propagent lentement, et peu à peu obtiennent une confirmation analogue à une sorte de prescription; éliminant alors leur particularité originelle, ils acquièrent eux aussi, l'universalité réservée jusque-là aux seuls faits externes ; et finalement, l'hérédité survenant, le mouvement progressif les englobe une fois pour toutes avec leur staticité nouvelle. Éclairons cette assertion par une indication concrète : l'art égyptien, inventeur de l'abstraction que l'on ne connaissait pas avant lui, la transmet à l'art grec ; celui-ci y ajoute l'idéalisation, et de nouveau transmet l'une et l'autre à l'art de la renaissance ; mais à ce moment l'abstraction est déjà prescrite, et, consacrée par une pratique suffisamment prolongée, elle y est reçue comme objective. Puis la renaissance ajoutant à ce groupe la dramatisation, fait passer le tout à l'art moderne qui à son tour hérite des deux facultés antérieures comme objectives également. Ainsi le principe qui embrassait la catégorie initiale du système plastique s'étend successivement à la seconde pour s'y développer de plus en plus ; et par l'effet de cette conversion, l'organisme, à mesure que la subjectivité décroît dans son élément excitateur, voit grandir en sa totalité une objectivité définitive : il obtient de la sorte la consolidation la plus grande possible de sa construction. Observons qu'il est question ici d'objectivité dans la gradation des termes normaux, non dans leur exercice artistique, où au contraire la subjectivité conserve en tout état son rôle prédominant.

Nous résumerons les caractères des deux milieux plastiques maintenant décrits en disant que le principe physique et externe réunit en un vaste ensemble tout ce que la nature, dans sa visibilité, offre à l'observation ou à l'imitation figuratives ; c'est-à-dire les éléments de la lumière, de la couleur, de la forme, lesquels produisent la couche permanente des matériaux livrés à l'exploitation de la science et des arts ; en raison de quoi il recevra dans la systématisation la désignation d'élément ou de principe premier, général, fondamental et statique.

Et son opposé, le milieu intellectuel et interne, embrasse en une série complète les modalités diverses de l'activité mentale, c'est-à-dire : l'observation, l'abstraction, l'idéalisation, la dramatisation, toutes consacrées à recueillir et à mettre en œuvre tant les matériaux de l'élément physique que les idées et les sentiments propres à l'humanité. Il lui sera assigné le nom d'élément ou de principe second, particulier, complémentaire et dynamique.

Enfin on peut entrevoir dans la relation entre le substratum émanant du premier milieu et les moyens de progression superposés qui appartiennent au second, ce que sera le mécanisme évolutif de la plastique. Nous avons expliqué comment en principe l'universalité de l'élément général externe produit un accord originel reliant en une commune perception de ses phénomènes toutes les époques et toutes les sociétés ; pourvu évidemment qu'il y ait eu entre celles-ci une communication qui leur ait permis de s'éclairer les unes les autres; sans quoi, ne recevant aucun apport étranger elles s'arrêteraient à cette confiance exclusive dans leur développement personnel qui est l'écueil ordinaire de l'isolement. Comment ensuite un assentiment semblable se forme, cette fois secondairement et avec l'indispensable concours du temps, envers l'élément interne, où les organes révélés et les progrès acquis se rangent définitivement en une seconde stratification de notions objectivement consenties. Or, dans la réalité empirique, ces deux effets ordinairement alternants ne se produisent que partiellement à chaque fois, quoique toujours progressivement, selon le développement plus ou moins rapide de la mentalité esthétique : mais il n'en résulte pas moins que, simultanément dans les deux milieux, chaque nouvel essor procède de l'avancement total antérieur; et qu'ainsi la progression traditionnelle se reprend presque toujours au point où elle en était restée lors du temps d'arrêt précédent. Cependant, en sens inverse, le besoin secret du mieux qui sans cesse aiguillonne la pensée, soulève tôt ou tard, contre l'unanimité régnant dans la majorité des esprits, des protestations individuelles tendant à réaliser un idéal plus haut, entrevu du côté de l'avenir ; certains perfectionnements se réalisent à ce moment, et l'état mental d'abord exceptionnel arrivant plus tard à se généraliser, en fin de compte l'équilibre, détruit en attendant l'admission de l'avancement souhaité, se rétablit encore pour se maintenir jusqu'à nouvel ordre. En résumé, d'une part acceptation fondamentale des résultats acquis, et ordre; de l'autre émancipation accessoire contre leur ascendant, et progrès; union et conflit du mobile et de son moteur, alternative d'action et de réaction, telle nous apparaît la marche oscillante de l'évolution plastique.

III. — On connaît présentement la nature, le rôle. l'action réciproque des deux milieux essentiels de la science, en d'autres termes la substance même qui la constitue : nous avons à rechercher à la suite la manière dont elle s'organisera intérieurement; et d'abord quel sera son point de vue définitif. Précédemment nous envisagions dans un état indistinct la totalité des notions à obtenir, sans nous demander lesquelles tendent vers la doctrine, lesquelles appartiennent aux arts; il est temps de rompre cette indétermination, en décidant de la direction qui devra présider à notre investigation ultérieure. Toute science est abstraite, toute pratique est concrete : quels que soient les exemples choisis, les objets mis en regard, d'un côté se range la formation des principes par voie d'analyse, de l'autre leur application par synthèse; et pour nous ce qui fournit les conceptions relèvera de la théorie, tandis que ce qui les emploie restera affaire artistique : il y a ainsi divergence marquée entre les deux modalités du labeur spirituel. Quant à la plastique, en se consacrant à recueillir les lois physiques et intellectuelles provenant tant de l'aspect naturel que du mouvement corrélatif de la pensée, il n'est pas douteux qu'elle fasse acte de science. A la vérité, bientôt nous devrons revenir ici aux données de l'art et à l'analyse empirique, lorsque nous aurons à extraire de l'évolution à travers l'histoire les organes immédiats de la systématisation; bien qu' une fois acquis, ce soit encore selon les errements et moyens scientifiques qu'il nous faudra procéder à leur classement. Mais en attendant notre point de vue recteur actuel sera déclaré scientifique.

Une seconde considération surgit subséquemment, celle du rang que prendra notre science accessoirement aux doctrines majeures : car son rôle ne peut être que subordonné vis-à-vis de celles-ci, du moment où elle débute en leur empruntant ses matériaux. De l'une à l'autre extrémité de leur série ses affinités sont nombreuses; elles commencent aux mathématiques et ne s'arrêtent qu'aux derniers confins de la sociologie ; dès lors, et en outre à cause de la complexité qu'elle comporte elle-même, il faut bien que celui des systèmes qui recevra son annexion soit le plus élevé en hiérarchie. De plus nous avons indiqué incidemment l'aptitude des faits plastiques à suivre le mouvement intellectuel commun : car l'action individuelle isolée n'aurait offert à leur essor qu'un facteur rudimentaire, si la participation au progrès civilisateur n'était venue prolonger une impulsion primitive insuffisante. La faculté esthétique, simplement progressive chez l'individu, fut ainsi contrainte pour devenir évolutive, de passer d'abord à la race par transmission héréditaire entre les générations; ensuite à l'espèce, par continuation entre les époques et les peuples; en même temps que l'avancement artistique, réagissant sur l'état général tout entier, contribuait à porter celui-ci en avant. Il y a donc, de la sociologie à la plastique, une contribution dont la nature accuse évidemment la plus importante des relations que notre systématisation puisse rencontrer : et la science sociale étant d'ailleurs l'ensemble supérieur, celui qui résume tous les autres, à son contact la plastique obtiendra la somme d'influences régulatrices la plus grande dont une position encyclopédique quelconque puisse la gratifier. Par conséquent, c'est à la sociologie qu'elle s'associera, à titre de science annexe et secondaire.

Nous devons aussi choisir la méthode qui lui assurera les meilleurs procédés d'investigation et d'organisation. Mais le fait de sa dépendance envers la sociologie impose d'avance à son acceptation les modes méthodiques de celle-ci même, lesquels sont d'abord l'observation, puis la comparaison. L'observation lui procurera initialement la découverte des phénomènes cherchés; la comparaison se chargera de les coordonner, et de construire en le faisant la systématisation doctrinale. Il ne faudrait pas croire que la simple observation eût pu suffire à cette tâche dernière; ce qui aurait été réalisable pourtant, si tous les principes normaux avaient pu apparaître historiquement dans l'ordre de leur succession logique. Certes il en fut bien ainsi de toute nécessité pour les faits intellectuels, dont la transposition n'était pas à craindre puisqu'il leur était imposé de procéder rigoureusement du connu à l'inconnu, chaque conséquent s'appuyant sur son précédent; mais l'avènement des termes physiques se trouva, dans leur production spontanée, gravement interverti par suite de certaines nécessités de l'exécution artistique que nous exposerons plus loin; et dès lors il devait appartenir à la comparaison seule, au moment de leur formation en synthèse, de remédier à des dérangements parfois difficiles à juger, et de rétablir entre eux une ordonnance hiérarchique rationnelle.

Cependant l'acte comparatif demande un instrument pratique, une mesure qui puisse être reportée successivement sur les objets considérés, afin de déterminer la valeur et les relations des phénomènes dont ils dépendent; il le trouvera dans la filiation, qui sera son critérium. En partant de la base plastique, chaque fait, pour être déclaré admissible, devra manifester une connexion certaine envers les deux extrémités de la série contenante, principalement envers l'extrémité initiale: et celui qui romprait l'enchaînement apporterait avec lui le signe soit de sa propre défectuosité, soit de l'absence de quelque intermédiaire obligé. Cette condition, qui sera complétée plus loin par la définition des qualités plus intimes exigibles du fait plastique constitutif, suffit à garantir au système organique une construction régulière, et par elle le critérium manifeste la force qui convient à son emploi. Subsidiairement la loi de la filiation permettra de distinguer les caractères progressif, stationnaire ou régressif des faits observés, caractères dont l'estimation dépendra de leur rapport à la marche évolutive totale; et, au moyen de cette différentiation, de mettre à part les phénomènes d'accroissement, seuls aptes à être reconnus typiques, et érigés en organes abstraits, c'est-à-dire à participer à l'édification de l'appareil fonctionnel définitif. Munie enfin comme il vient d'être exposé, de ses modes méthodiques et de son instrument vérificateur, notre science pourra désormais procéder aux déterminations qui lui incombent.

IV. — Nous avons appris dans la première section de ce chapitre d'où les faits plastiques, porteurs originels présumés des termes de l'organisme, tirent leur extraction avant d'entrer dans notre science ; puis quelle sera la loi de leur accession à son fonds respectif : occupons-nous maintenant de la succession progressive qu'ils y poursuivent. La filiation y préside, et nous savons que son point de départ sera ce premier fait irréductible, point d'attache de tout leur enchaînement, qui consiste dans le contact d'un ou de plusieurs des éléments physiques, lumière, couleur et forme, avec un ou plusieurs des organes de la vue intellectuelle : reste à connaître comment cette filiation prendra corps dans les manifestations de la vie esthétique. Or c'est par l'effet d'un processus spécial, produit spontanément et librement comme la base plastique elle-même, au milieu du travail humain; sans qu'on puisse prétendre en rendre compte plus que l'on n'explique pourquoi la plante se développe au sortir de sa graine, depuis la racine jusqu'aux feuilles. De même la suite des impulsions instinctives d'où émanent les œuvres d'art s'épanche de la source que nous leur connaissons en se perfectionnant, en se complétant par la gradation de ces œuvres même : et cela uniquement sous l'incitation propre à la pensée plastique, qui s'avance parallèlement au progrès entier à travers les siècles et les peuples; et par l'extension plus ou moins rapide des connaissances que répand autour d'elle chaque réalisation artistique. C'est donc un cas d'expérience, non de raisonnement ; et à son sujet, comme il en est de tous les analogues, après avoir constaté les caractères qui le rendent tel, nous n'avons à poursuivre aucune cause première ; étant d'avance assurés de ne rencontrer antérieurement à lui que le concours de circonstances au milieu desquelles il apparaît.

Mais ce que nous pouvons et devons rechercher, c'est à quoi ces faits seront jugés dignes d'être pris en considération, pour la formation des phénomènes abstraits à laquelle ils doivent servir. Après qu'une liaison manifeste, médiate ou immédiate, avec la base aura produit le certificat de leur origine, selon ce qui vient d'être dit de la loi de filiation, ils auront pour détermination de se montrer d'abord constants, et même renouvelables à volonté sous l'action intellectuelle, alors que la théorisation les aura suffisamment élucidés : ce qui les fera passer de l'occurence d'une apparition empirique à une existence consciente et intentionnelle. Bien qu'il soit certain, sans que pour cela il y ait ici contradiction avec la nécessité de cette consécration, que plus la science et l'art se perfectionneront, plus tous deux arriveront à s'incorporer les cas de nuance et de détail ; l'affermissement avec le temps de leurs classes les mettant à même de maintenir, malgré la quantité croissante des matériaux accumulés, la prédominance des notions principales sur les secondaires. La détermination susdite exigera ensuite qu'ils soient capables de se réunir par groupes les uns aux autres, en raison de manières d'être voisines ; de façon à aboutir à certaines résultantes produisant, sous l'indice résumé qui deviendra pour chacun d'eux son type particulier, une série de divisions définies. Telles seront les manifestations rangées sous les dénominations soit de la forme ou de la couleur, par exemple, soit de l'idéalisation ou de la dramatisation : toutes expressions catégoriques enveloppant chacune une certaine quantité d'objets assimilables ou par commune origine ou par homogénéité partielle. Et dorénavant la constance et l'aptitude à la confrontation avec une déterminante typique se substituant à leur état primaire vague et pour ainsi dire sporadique, dans cette phase de réalité scientifique et précise, ces faits concrets jusque là se seront à l'avenir convertis en notions abstraites.

On conçoit dès lors qu'il n'y aura qu'à recueillir la suite des résultantes formées de cette manière, autrement dit la collection de ces faits parvenus à l'abstraction, pour obtenir les termes de la construction systématique : car leur généralisation est la transformation décisive qui les rend admissibles à produire ces organes suprêmes. Les phénomènes étant en relation obligée avec les principes qui sont leurs lois, ou bien ces lois n'ayant de réalité que dans leurs applications en ces phénomènes, les expressions diverses du rapport des uns aux autres sont en effet les seuls objets qui puissent entrer dans l'appareil doctrinal. Mais en les y réunissant dans un rangement hiérarchique il faudra distinguer parmi eux les lois de premier ordre, qui établiront les grandes catégories divisant et articulant leur totalité, et les lois secondaires propres à régler le fonctionnement de chacun des membres entre eux (1). Dans le présent travail, cette répartition ne pourra être opérée d'une manière définitive qu'après l'achèvement de la révision annoncée de tout le développement historique des arts ; la dernière partie en sera donc particulièrement consacrée au classement des termes organiques, classement qui aura pour effet de substituer à l'analyse précédente une synthèse terminale, conclusion de tout le traité.

Quant au rang dans lequel ces termes se présenteront à la mise en série, il sera relatif à la généralité décroissante et à la spécialisation supérieure qui leur auront été

(1) Exemples : 1° des lois du premier ordre ou distributives : la lumière est plus générale que la couleur, qui naît de la lumière divisée; ou : l'observation devait apparaître historiquement avant l'abstraction et l'idéalisation, parce que ces deux dernières sont moins simples que l'observation ; 2° des lois du deuxième ordre ou qualificatives : l'ombre portée est plus intense que l'ombre directe ; ou encore : les lignes courbes sont plus dramatiques que la ligne droite, etc.

reconnues. Dans la catégorie physique, la lumière précédera logiquement la couleur et la forme, parce qu'elle produit la première lors de son dédoublement, et révèle la seconde à nos yeux en l'éclairant; tandis qu'au rebours la couleur et la forme ne sont pas nécessaires à son existence : la lumière est conséquemment la plus compréhensive des trois, et les autres sont plus exclusives qu'elle. Dans la classe intellectuelle, l'idéalisation suivra l'abstraction par la raison qu'elle suppose celle-ci, et ne pourrait se former sans le point d'appui qu'elle lui emprunte ; en effet l'idéalisation n'est qu'une abstraction prolongée qui, en arrivant à l'échelon évolutif supérieur, s'y absorbe dans un caractère additionnel, mais devenu prédominant; et ainsi de suite pour la relation et l'ordonnance de tous les organes.

La limitation évolutive de chacun d'eux doit être également fixée. Il est évident, puisqu'ils se suivront dans une disposition continue, qu'elle surviendra à mesure que l'un ou l'autre, s'il s'étendait davantage, commencerait à déborder sur son voisin : tout terme participant à une série étant en effet soumis à l'obligation de se borner au contact de ceux qui y coopèrent avec lui. Cette limitation se réduit donc à l'impénétrabilité réciproque, signe séparatif ordinaire, mais qui nous intéresse en ce que, par suite de difficultés spéciales, il pourra devenir le moyen le plus sûr, quoique négatif, d'opérer la distinction de certains faits concrets au moment de les ranger dans leurs cadres (1). Ainsi, entre autres cas douteux, tout ce qui dans l'indécision du choix se montrerait néanmoins résolûment étranger au type abstrait ou de la forme ou de la couleur sera par cela seul attribué à celui de la lumière; et réciproquement.

Enfin, pour ce qui est du cycle organique en son entier, l'extension s'en arrêtera lorsque les subdivisions des deux grands éléments fondamentaux auront épuisé l'exer-

(1) Citons entre autres ce qu'en peinture on appelle l'effet : appartient-il à la lumière ou à la couleur? Son adjonction à l'une ou à l'autre des deux catégories présente souvent une incertitude des plus embarrassantes à résoudre.

cice de leurs actions et réactions réciproques : autrement dit, quand par croisement, chaque terme physique aura traversé toutes les phases intellectuelles et que chacun des procédés intellectuels se sera trouvé appliqué à tous les termes physiques : c'est-à-dire lorsque dans la pratique effective confirmée ensuite par la théorie la couleur par exemple, aura été mise en œuvre progressivement selon les modalités ascendantes de l'observation, de l'abstraction, de l'idéalisation et de la dramatisation ; et que d'autre part la dramatisation ou toute autre des opérations mentales aura exploité en entier les catégories physiques de la forme, de la couleur et de la lumière. En effet l'apparition et le traitement sous leurs diverses flexions des appareils organiques des deux classes que nous venons d'énumérer, et qui, on le reconnaitra d'après l'exposé des travaux d'art, semblent seuls nécessaires à la trame du système plastique, attestent évidemment entre eux une union à la fois indissoluble et inextensible : et dès lors on ne prévoit pas comment quelque appendice supplémentaire pourrait être introduit, à l'avenir, dans une connexion aussi logiquement circonscrite; en la considérant du moins comme proportionnelle à l'état de notre constitution biologique telle qu'elle est comprise actuellement. Il faut bien observer cependant que ceci s'applique à l'avènement dans l'histoire des instruments théoriques de la plastique, et ne concerne nullement leur utilisation par les arts : car il est rationnel de penser qu'il devait venir un moment où leur ensemble serait réuni au complet, comme on le voit en toute collection que l'on ne saurait indéfiniment prolonger sans dépasser sa destination ; et si en même temps rien ne s'oppose à ce que ce résultat soit désormais considéré comme atteint actuellement ici, moyennant démonstration conforme, au contraire il serait absurde de prétendre que le champ de l'exploitation artistique puisse être jamais limité; bien loin de là, la seule combinaison des organes constitutifs, en des ordonnances, des dosages ou des conditions de temps et de milieu toujours différentes comporte évidemment un exercice sans bornes ; et l'on peut affirmer que l'art futur y créera sans cesse des renouvellements au-dessus de toute restriction, en raison du changement, de l'inversion et même de la divisibilité possible de tant de facteurs.

V. — Après avoir exposé la détermination de notre science, sa contenance essentielle, son appareil méthodique, nous devons, comme nous l'annoncions, faire un retour vers la partie du domaine esthétique relative aux arts, et indiquer leur partage, puis leur coordination : ce sera la conséquence et l'achèvement de la préparation déjà partiellement réalisée de notre systématisation plastique. Commençons par désigner le principe selon lequel la production figurative se répartit en ses différents modes. Assurément les aspects sous lesquels les arts peuvent être comparés entre eux, et par conséquent séparés, sont multiples; toutefois nous pensons que le plus décisif, sans compétition possible, est la raison géométrique, exprimée par le nombre de dimensions que chacun est apte à traduire. Une telle distinction nous apparaît comme la meilleure que l'on puisse adopter, par la raison qu'elle est fondamentale, et procède des phénomènes à représenter préférablement aux moyens de la représentation ; ces derniers ayant évidemment un intérêt inférieur à celui des autres. L'architecture qui est cubique, qui offre trois mesures et les répète en deux séries, l'une convexe, l'autre concave, puisque la presque totalité des œuvres qu'elle produit peut être envisagée soit du dehors, soit du dedans, occupera une des extrémités de la suite artistique. Puis succèdera la sculpture, cubique également, qui possède aussi par conséquent les trois dimensions, mais qui les exploite en une seule série convexe, car elle n'est vue qu'extérieurement ; enfin viendra la peinture, qui est plane, n'a plus que deux dimensions superficielles, et se place ainsi à l'autre extrémité.

Coordonnés de cette façon les arts se rangent en même

temps d'après leur généralité moindre et leur spécialisation croissante ; et c'est la disposition que nous avons vue déjà s'adapter à l'enchaînement des organes élémentaires. En effet l'architecture, toujours placée en tête, emploie les pleins et les vides, les surfaces et les lignes géométriquement et sans altération ; la couleur en plaques monochromes et non dégradées ; la lumière indirectement, en la laissant agir par elle-même sur les plans et les saillies opposés aux parties rentrantes, c'est-à-dire sans la fixer par aucune manipulation : aussi tout en elle est-il général et simple autant qu'il est possible. Au contraire la peinture se sert des éléments à sa portée dans un état de complication beaucoup plus grande, multipliant et subdivisant les contrastes, rompant les surfaces, assouplissant les lignes, mélangeant et dégradant les tons, traitant enfin directement la lumière par une imitation artificielle que les deux autres arts ne peuvent obtenir; et ce qu'elle crée est éminemment complexe dans l'ensemble et subdivisé dans ses fractions. Quant à la sculpture, qui encore ici reste interposée, elle se sert de tout ou partie des mêmes objets avec une pratique moyenne. Conséquemment d'après les allures des trois arts il y a de nouveau progression du simple au composé, du général au particulier, aussi bien dans leurs modes de figuration que dans leurs mensurations diverses : et le classement donné précédemment par le premier indice se trouve confirmé actuellement par le second.

VI. — Les démonstrations intéressant spécialement la réalisation par les arts se sont maintenant jointes à celles qui concernent le côté scientifique de notre sujet : parvenue à ce point l'institution provisoire de la plastique semble achevée. Nous disons provisoire parce qu'elle n'est encore que logique : en effet nous nous sommes attaché jusqu'ici à extraire déductivement les conséquences rationnelles du seul fait de sa base, fait spontané dans la nature, et dont l'intégrité contient le germe commun de la science et de l'art destinés à occuper la carrière qu'il inaugure. Il était utile de tracer cette ébauche à titre préparatoire, comme cadre et échafaudage de la future synthèse où se rangeront finalement, après leur démonstration à postériori, les notions décidément dogmatiques; laquelle toutefois ne peut manquer de reproduire dans ses dispositions principales l'économie de la distribution actuelle.

Mais entre ces deux opérations, l'une accomplie, l'autre reservée, doit intervenir la recherche enfin directe des phénomènes réels et positifs, qui produisent effectivement au milieu de l'évolution sociale le développement esthétique particulier, et d'où les faits organisateurs de notre systématisation sont appelés à ressortir. En pareil cas la sociologie nous donne l'exemple de prendre empiriquement dans l'histoire les principes de sa constitution propre : car les procédés expérimentaux sont ceux dont la science moderne proclame chaque jour le mérite, en ce qu'ils la mettent à l'abri des égarements subjectifs qui stérilisèrent si longtemps les recherches du passé : cette façon d'agir sera de même pour la plastique le moyen d'arriver au but avec une certitude non moins objective. Or le long enchaînement des œuvres d'art, depuis les premiers témoignages de la raison jusqu'aux manifestations contemporaines, est assez étendu pour contenir la totalité des indications reconnues ici nécessaires : nous en avons souvent énoncé la conviction. On ne saurait donc suivre une voie ni plus simple, ni plus sûre que d'aller puiser dans leur collection immense la connaissance des termes dont la possession nous manque encore : obéissant ainsi d'ailleurs aux habitudes expérimentales qui sont celles de toute la méthode positive. Saisissons à ce propos l'occasion de constater que nous croyons avoir reçu, depuis le début de notre entreprise, l'appui le plus efficace à son égard de la doctrine fondée par A. Comte, au grand profit et de la vérité, et de tous ceux qui cherchent à créer quelque œuvre durable ; doctrine dont beaucoup se servent, mais envers laquelle trop peu, selon nous, se montrent reconnaissants: et nous n'imiterons pas ces derniers (1).

VII. — Au moment de clore ce chapitre, nous pouvons résumer en quelques mots les résultats qui s'y trouvent consignés. Nous devions d'abord exposer les propositions destinées à isoler la plastique au sein de la connaissance ; à cet effet nous avons détaché de tous les autres points de vue naturels celui qui lui est spécial : il apparaît au contact des deux milieux propres à l'humanité, lesquels dépendent l'un du monde physique, l'autre de la vie intellectuelle ; le second contient son indice caractéristique; et les deux superposés forment son assise fondamentale, que nous avons nommée base plastique. Son domaine est circonscrit par la relation survenant entre eux; son but n'est autre que l'exploitation de ce domaine, tant par la science que par les arts; enfin les faits qui lui sont propres tirent leur origine du dehors, mais se rattachent à elle par certaines manières d'être nouvelles qu'elle leur confère. L'ensemble de toutes ces qualifications, sans analogue, et auquel nulle science antérieure ne donne accès, démontre l'irréductibilité de la plastique, aussi bien que la nécessité de son institution doctrinale.

Nous avons recherché ensuite les notions qui établissent analogiquement la concordance de notre science avec la série encyclopédique, et qui en même temps préparent son organisation intime : le premier groupe desdites notions est général, et relatif à sa contenance essentielle. Des deux milieux déjà reconnus comme ses éléments constitutifs, le premier, inorganique, est universel en tous sens, fixe, objectif; le second, organique, est par-

(1) Lamark avait le premier énoncé, sous forme scientifique, le principe universel de l'évolution, qui se vérifie et se généralise de plus en plus. (Le présent essai, dans son cercle restreint, tendrait à en offrir une démonstration partielle). A. Comte en confirma la conception dans sa gigantesque construction encyclopédique, où il formulait et consacrait définitivement la métamorphose des idées surgie dans les derniers siècles. Désormais l'esprit des deux grands philosophes, l'un naturaliste, l'autre spéculatif, semble présider, soit virtuellement, soit ouvertement, à tout le labeur intellectuel : ne craignons pas de rendre hommage à ces suprêmes organisateurs de la pensée moderne.

ticulier, mobile, subjectif, mais acquiert secondairement et par prescription une objectivité croissante. Le premier a été nommé principe général, fondamental et statique; l'autre, principe particulier, complémentaire et dynamique. Le mécanisme évolutif de la plastique réside dans le mode d'action et de réaction réciproques qui occasionne un conflit incessant entre ses états statique et dynamique alternativement triomphants.

Le second groupe des mêmes notions, celles-ci spéciales, sépare ce qui a trait à la science de ce qui concerne l'art. Dans la première des deux subdivisions a été stipulée la prédominence du point de vue scientifique envers la majeure partie de notre élaboration. Les affinités principales de la plastique décidèrent ensuite de son annexion à la sociologie, qui lui imposa sa propre méthode, consistant dans l'observation et la comparaison concordantes, avec la filiation pour criterium. Les faits plastiques propres et concrets se feront reconnaître à leur liaison ininterrompue avec la base initiale, ainsi qu'à leur tendance progressive ; leur réunion parcellaire en résultantes typiques préparera la formation des éléments constitutifs abstraits, qui en ressortiront avec le rôle d'organes systématiques et définitifs. Ces derniers se classeront entre eux par généralité décroissante et spécialisation supérieure, se limiteront réciproquement dans leur impénétrabilité, et finalement circonscriront la totalité du cycle organique par l'épuisement de leur exploitation les uns envers les autres.

Enfin la deuxième subdivision des notions spéciales concerne l'ordonnance artistique : les arts se partagent entre eux préférablement en raison des dimensions géométriques dont ils font usage; et on peut les ranger, si l'on veut, d'après leur spécialisation croissante dans la manière d'exploiter tout ou partie des éléments organiques.

Mais l'élaboration précédente n'était qu'une exposition logique, et par conséquent provisoire, concernant la plastique : pour arriver à sa constitution expérimentale et dernière, nous avons reconnu la nécessité de faire précéder cette formation concluante d'un examen historique approprié à nous procurer, par le dépouillement des phénomènes concrets et directs, les organes abstraits de l'appareil scientifique ; cet examen devant faire l'objet des chapitres troisième et suivants, qui eux-mêmes seront suivis de la systématisation synthétique à laquelle aboutira tout notre travail.

CHAPITRE TROISIÈME

EXAMEN HISTORIQUE

PRÉLIMINAIRES

I. Destination de l'examen. — Sa direction empirique. — Sa marche analytique, alternativement concrète et abstraite. — Son étendue. — Il sera : général envers l'élément physique. — Circonscrit envers l'élément intellectuel. — Complété par la comparaison des localisations artistiques accessoires. — Il aboutira à l'indication d'un consensus futur. — Il se restreindra aux périodes progressives. — II. Résumé.

I. — L'examen de la série historique des œuvres d'art a pour objet de nous révéler les phénomènes physiques et intellectuels qui ont participé à leur création, afin que nous puissions ensuite extraire de ce premier relevé le système des organes abstraits et constitutifs de la plastique. Avant de le commencer il est rationnel de préciser l'appropriation que sa destination lui impose ; et l'on se rappelera que le mode particulier de recherche qu'il présente a été choisi pour éviter les chances d'erreur que comporterait, en vue d'une telle formation, tout autre procédé plus subjectif.

Observons avant tout qu'ici le point de vue de l'investigation ne se montrera plus ce qu'il était auparavant : visant un ensemble de faits produits spontanément, il sera conforme à celui-là même qui a présidé à leur production, c'est-à-dire que les deux fins de science et d'art le détermineront concurremment, et qu'il restera par conséquent indéfini et empirique.

En face de ce caractère mixte, et dans le but de satisfaire aux conditions complexes qu'il présente tout en respectant leur diversité, il nous semble à propos de dédoubler l'opération analytique prochaine en une alternance de deux périodes, l'une concrète, l'autre abstraite, qui se succèderont jusqu'à l'épuisement du sujet. Concrètement nous ferons l'exposé descriptif succinct, ou le simple énoncé, s'il y a lieu, des monuments de chaque âge et de chaque contrée ; en choisissant, afin d'éviter une extension superflue, le plus petit nombre d'entre eux qui puisse suffire à la démonstration ; abstraitement nous tirerons de leur analyse la connaissance des phénomènes, et par suite des termes organiques des deux classes, physique et intellectuelle, auxquels ils se réfèreront. Et il est certain d'avance que ces phénomènes et ces termes ne manqueront pas d'être contenus dans les monuments envisagés, attendu qu'une œuvre d'art ne saurait être construite sans leur intervention : quoique assurément lors de sa production, et c'est ce qui eut lieu surtout à l'origine, la conformité aux lois naturelles soit le plus souvent inconsciente et purement instinctive ; condition qui du reste n'établit que mieux l'ascendant positif de celles-ci. Il est également très-probable, comme nous le disions, que leur totalité s'y rencontrera aussi, vu l'immense série des objets figurés, créés depuis tant de siècles : et l'on en pourra juger par l'effet de leur combinaison nécessaire, évidemment achevée dès qu'elle n'offrira plus entre eux aucune lacune possible, intérieurement aux limites imposées à notre capacité intellectuelle. Quant à la preuve de leur présence elle-même dans un tel ensemble, elle ressort de l'accord admiratif qui d'ordinaire entoura les chefs-d'œuvre dès leur apparition, ainsi qu'on le vit notamment en Grece, à propos de Phidias et d'Ictinus, aussitôt qu'ils eurent achevé le Parthénon ; en Italie, au temps des Michel-Ange et des Raphael, si honorés de leur vivant ; ou bien encore en Hollande, en France, en Espagne, en Angleterre simultanément, au sujet d'une célébrité aussi promptement acquise que celle de Rubens. Si tous ces grands artistes et tant d'autres n'avaient pas, dans leurs travaux, répondu successivement au développement commun de l'esprit public qui les suscitait et qu'ils prolongeaient à la fois, développement dont la marche est justement celle de l'évolution plastique, une autorité incontestée ne se serait pas attachée jusqu'à nos jours et probablement pour l'éternité, à leurs noms glorieux.

Aussi, puisque les faits caractérisques que nous avons à passer en revue doivent être assez complets numériquement pour ne laisser en dehors aucun des enseignements ou des déductions qui nous sont nécessaires, il est indispensable que notre recherche reçoive en général autant d'extension qu'il sera possible. Dans le passé elle remontrera jusqu'aux plus lointaines découvertes préhistoriques ; car il n'est pas besoin d'insister sur l'intérêt évident qu'il y aurait à bien connaître ce que fut l'art à sa première apparition, celle-ci devant être considérée comme la source dont son cours entier allait sortir. D'autre part elle descendra jusqu'à l'époque contemporaine, d'abord pour profiter des récents perfectionnements du cycle organique, qui, nous espérons le démontrer, ont actuellement clos et complété celui-ci ; ensuite pour ne pas négliger les aspirations esthétiques actuelles, dont il est bien juste de tenir compte également; enfin précisément par cela même que nous nous sommes proposé, en entreprenant notre travail, d'éclaircir autant qu'il nous le serait permis le trouble dont les questions d'art sont agitées de nos jours.

Mais à ce point de la présente recherche, en raison de la différence d'attribution des deux milieux primordiaux décrite au précédent chapitre, il se rencontrera une entière opposition entre les exigences du principe physique et celles de la division intellectuelle. A l'égard du milieu extérieur, afin de répondre à l'universalité qui ne laisse aucune place ni à l'exception ni à la variation en ses phénomènes, il est naturel que l'examen embrasse toutes les époques et toutes les contrées; car on ne connait ni lieux ni temps, comme on l'a vu, qui ne soient soumis à l'identité visuelle envers l'humanité entière ; à part toutefois ces différences de degré qui tiennent à l'éducation seule, tant optique que mentale, et qui par conséquent n'ont pas de racine constitutionnelle. Récemment il est vrai, l'on a prétendu exagérer la portée de semblables inégalités à l'aide de comparaisons rétrospectives que l'on tirait, par exemple, du vocabulaire homérique : on avançait qu'il semblerait indiquer, dans les temps reculés, une vision assez éloignée de la nôtre. Étrange assertion, qui aurait besoin de preuves effectives, immédiates même, tant elle est imprévue, et qui n'allègue que des motifs détournés, que ces déviations, ces grossissements d'expression toujours nécessaires à la poésie, surtout à la poésie héroïque ! Aussi nous croirions-nous en droit de la négliger, lors-même qu'elle n'aurait pas été réfutée directement à plusieurs reprises.

Tout autres seront les nécessités de l'enquête envers l'élément intellectuel. L'universalité n'y est plus la règle, elle y fait place au contraire, ainsi qu'il a été également établi plus haut, à la particularité résultant, sous l'influence sociologique, du conflit des circonstances ambiantes : chaque temps, chaque contrée montrent une compréhension esthétique variable, ici restreinte à telle direction, là étrangère à telle autre ; en sorte que les faits par lesquels la sensation provenant de la vue plastique s'amalgame à nos pensées et à nos sentiments, offriraient entre eux, si on les recueillait dans des civilisations trop différentes, un écart probablement réfractaire à la comparaison. Citons quelques spécimens de ces dissemblances : la lumière, que tous les hommes perçoivent physiologiquement de la même manière, paraît n'avoir excité à toute époque aucune émotion psychique chez les Chinois, les Japonais, les Indiens ; car l'on ne voit pas que dans leurs peintures ils se soient jamais préoccupés d'exprimer le contraste du jour et de l'ombre ; inversement les Flamands et les Hollandais, par la traduction pittoresque qu'ils ont su faire du même élément, en ont depuis longtemps manifesté la compréhension parfaite : les Asiatiques restent donc en arrière à l'égard d'une évolution divisionnaire que les Européens ont déjà parcourue entièrement; et sur ce point par conséquent il serait impossible de rapprocher leurs groupes ethniques. Ou bien encore : dans les temps préhistoriques les hommes du territoire aujourd'hui français dessinaient déjà avec une habileté singulière, il y a de cela peut-être deux cent mille années; pendant que les Fuégiens actuels, contemporains à distance de notre développement moderne, restent encore incapables de comprendre le plus simple croquis esquissé sous leurs yeux. De tels contrastes établissent la particularité des faits du sens intellectuel proportionnellement à une inégalité de progression, ou si l'on veut d'aptitude progressive chez les différentes races; inégalité qui, après tout, n'est pas plus extraordinaire que tant d'autres plus ou moins analogues. Mais heureusement, et ceci pare à l'inconvénient qui semblerait en devoir résulter ici, on ne peut douter qu'en vue d'obtenir les matériaux dont nous avons besoin il suffise d'un certain nombre de cas les plus marquants, sous la condition que leur échelonnement soit exempt d'interruptions aux points décisifs, et ainsi contienne indubitablement tous les principes essentiels à une synthèse complète et définitive. Rien ne nous obligerait donc à chercher nos documents sur toute la surface du monde exploré ; et il n'y a plus aucun inconvénient à en réduire la poursuite aux contrées où le développement artistique s'est trouvé le mieux gradué. Ce sont précisément celles de notre région occidentale, dont la réunion géographique fut assez heureuse pour que, depuis la préhistoire jusqu'à la fin de l'histoire actuelle, l'évolution ait pu s'y propager de proche en proche, en rencontrant une localisation distincte à chacune de ses phases obligées. Leur aire, d'ailleurs immense, puisqu'elle s'étend de l'Égypte et de l'Asie-Mineure antiques à toute l'Europe ancienne et moderne, nous offrira, chez les peuples qui l'occupent la concordance spirituelle dont nous venons de faire voir l'indispensable nécessité; avec une base d'appréciation répondant largement, sous les deux aspects expérimental et logique, aux obligations de notre sujet. Ainsi nous nous dispenserons d'appliquer l'examen projeté à tout l'ensemble des agglomérations sociales indistinctement, puisqu'une telle extension aurait chance de susciter des difficultés, et en outre n'est nullement indispensable.

Au surplus cet artifice restrictif sera seulement provisoire. Plus tard à l'étude prédominante du principal habitat plastique nous adjoindrons la comparaison des évolutions intéressantes, soit fragmentaires, soit inférieures, qui se seront rencontrées hors des limites susdites. Et les différents systèmes alors mis en regard se classeront à la suite de l'ensemble normal, selon qu'ils s'en rapprocheront le mieux : en sorte que sans qu'ils aient rien à perdre de leurs caractères individuels, et en ajoutant au contraire à l'avantage des contrastes celui d'un rapprochement synthétique, c'est-à-dire les droits de la variété à ceux de l'unité, par cette addition l'enquête se trouvera complétée, et embrassera en somme tous les aperçus importants de l'histoire des arts, désormais vraiment universelle. La science plastique atteindra alors, en cette partie non moins bien que dans les autres, l'extension jusqu'à la généralité parfaite qui doit être et sa fin obligée et la consécration de ses enseignements.

Pour montrer les conséquences de la précédente disposition, nous pouvons dès à présent exposer un principe qui cependant ne saurait être établi définitivement qu'après l'examen évolutif lui-même : celui du consensus esthétique universel vers lequel l'humanité entière semble se diriger. Il est à croire que, soit par l'éducation qui s'étend à l'ordinaire des peuples plus avancés à ceux qui le sont moins, soit par le progrès spontané de chacun en lui-même, mais en ce second cas avec une probabilité plus restreinte, ils pourront à la longue arriver à s'accorder en une seule manière de voir, au moins théorique ; si toutefois le temps et l'échange social faisaient jamais que les hommes de tous pays se fussent un jour communiqué assez parfaitement leurs idées. Et à ce moment il arrivera que les types et les degrés supérieurs de la beauté seront généralement reconnus tels, par une suite forcée de la comparaison entre les différents modèles réunis, provenant tant de la nature que des arts. Ne semble-t-il pas, si l'on voulait se contenter envers cette hypothèse de l'espoir d'une confirmation limitée à l'élite des esprits, que de grandes améliorations en ce sens ne peuvent manquer de se produire un jour? Ainsi les Asiatiques cités tout à l'heure, s'approprieraient dans un délai quelconque la perception plastique de la lumière : on en a pour indice l'effort de conversion tenté aujourd'hui par les Japonais vers la science européenne ; évidemment des praticiens si éminemment doués en ce qui concerne les arts industriels ne se maintiendront pas toujours dans l'infériorité envers l'art pur. Puis, stimulés par eux, les territoires arriérés de l'Asie, voire même de l'Afrique, tôt ou tard accompliront, eux aussi, leurs développements respectifs; sous la réserve toutefois de l'incapacité constitutionnelle d'évolution que l'on constate chez certaines races, et dont nous aurons à parler plus loin. Et il en serait de même naturellement, s'il y avait lieu, à l'égard de la couleur et de la forme, dans toutes les contrées et chez toutes les populations. Cette prévision d'une importance il est vrai secondaire risque, nous le pressentons, d'être jugée chimérique : rationnellement elle se réduit pourtant à l'exigence de quelques milliers de siècles en plus ou en moins : envers le passé la géologie et la préhistoire rendent maintenant familières de pareilles supputations; l'avenir aussi doit en envisager de semblables, et de celles-ci le consensus plastique pourrait fort bien profiter.

Enfin notre investigation, n'ayant pour but que de découvrir la série des organes esthétiques, s'attachera uniquement aux périodes historiques progressives, qui seules peuvent la lui offrir : inutile en effet de s'appesantir sur des temps d'arrêt ou des accidents régressifs qui n'auraient rien à donner à la construction systématique. Notre travail s'en trouvera notablement allégé, attendu que la durée des époques novatrices additionnées toutes ensemble n'égalerait pas, à beaucoup près, celle des temps neutres interposés. Cependant il sera bon d'apprécier par supplément quelques-uns de ceux-ci, lorsqu'on les croira de nature à démontrer l'origine de ces vicissitudes perversives qui sont de véritables cas pathologiques au milieu de l'histoire des arts : car selon l'occurence leurs indications pourront étayer, au profit de la marche normale, la connaissance des conditions saines par celle des causes morbides. Encore faudra-t-il que chacune des situations admises à la preuve soit topique, et ne puisse faire double emploi avec aucune autre.

II. — Les conditions de l'examen historique auquel nous allons procéder sont maintenant formulées : elles peuvent être rapidement condensées avant de passer outre. Destiné à faire ressortir des éléments plastiques positifs, tant physiques qu'intellectuels, spontanément exploités dans les œuvres d'art, la connaissance des organes constitutifs du système plastique, il procèdera par voie expérimentale, en envisageant d'abord le caractère concret des divers ouvrages, puis leurs qualités abstraites. Il en embrassera, à l'aide d'exemples significatifs, toute la série chronologique, depuis l'extrême passé préhistorique jusqu'à nos jours. Mais, universel dans le temps et dans l'espace envers le milieu extérieur, il restera particulier à l'égard du principe psychique : là il se restreindra à l'étude de la civilisation occidentale antique et moderne, laquelle lui offre exclusivement l'unité évolutive nécessaire ; sauf pourtant à s'annexer ensuite par comparaison les cas les plus intéressants produits ailleurs. Puis il indiquera, comme conséquence par voie d'hypothèse du classement des manifestations caractéristiques ainsi obtenu, la prévision dans le domaine esthétique d'un consensus définitif spécial auquel l'humanité entière semble destinée à parvenir. Enfin il devra se limiter aux périodes progressives, qui seules peuvent contenir la série des termes organiques. Tels sont le plan et les conditions propres à établir une direction rationnelle dans notre revue chronologique, dont maintenant rien ne retarde plus l'accomplissement.

TEMPS PRÉHISTORIQUES

I. Restes artistiques de l'époque quaternaire. — Leur classement en trois divisions chronologiques. — II. Période de la pierre taillée : spécimens caractéristiques. — Leur date approximative. — Ordre concret : leur description. — Ordre abstrait : éléments physiques, forme libre ; ses deux états, statique et dynamique. — Couleur supposée. — Éléments intellectuels : observation. — Tendance à l'abstraction. — Division des arts : sculpture. — Peinture (dessin préparatoire). — Inversion dans l'ordre de leur apparition. — Fin de l'époque quaternaire et de la pierre taillée. — III. Temps actuels. — Période de la pierre polie : progrès sociaux. — Ordre concret : outils et armes; dolmens et monuments mégalithiques ; constructions militaires; cités lacustres. — Périodes du bronze et des autres métaux. — Ordre concret : suite des objets précédents. — Ordre abstrait, commun aux trois périodes : éléments physiques, forme géométrique. — Couleur rudimentaire. — Lumière non constatée. — Éléments intellectuels : tendance à l'nterprétation. — Suite de la division des arts : architecture, ses deux modes, bois et pierre. — Disparition passagère de la forme libre. — IV. Notions générales : spontanéité fondamentale de la faculté esthétique. — Unité de conception des œuvres préhistoriques et des travaux présents. — Différence d'aptitude plastique entre les races. — Confirmation de la loi de particularité dans le milieu intellectuel. — Exemple de confusion entre les faits de la lumière et ceux de la couleur. — Valeur sociologique de l'art plastique. — V. Résumé : termes organiques et principes acquis. — Aperçu de l'évolution suivante.

I. — L'exposition universelle de Paris, en 1867, vulgarisa la découverte des monuments préhistoriques figurés, demeurés auparavant presque inconnus en dehors des savants qui les comptent parmi leurs sujets d'étude. Ils y excitèrent une sensation profonde; ceux qui les rencontraient là pour la première fois éprouvèrent une admiration en quelque sorte vertigineuse. à travers un tel abîme du temps, en reconnaissant dans quelques-uns l'expression du beau en sa lueur initiale, mais déjà manifeste: et quiconque s'émeut aux choses intellectuelles ne pouvait se défendre de vénérer en eux le souvenir de leurs humbles auteurs, en songeant que ceux-ci furent les ancêtres des grands artistes réservés à l'avenir; en constatant dans ces simples essais une valeur esthétique réelle; en observant que, sans la preuve irrécusable apportée par les objets mêmes, le mérite de ceux qui nous les ont légués aurait été certainement déclaré invraisemblable, sinon inadmissible. en des âges où l'existence de l'homme longtemps et passionnément contestée n'eût semblé comporter en tout cas que la brutalité la plus complète. L'apparition de pareils documents, doublement précieux par leurs qualités d'art et par leur importance anthropologique, fut donc, au milieu de cette solennité, un évènement mémorable; et la reconnaissance publique ne manqua pas à récompenser de ses louanges les hommes dévoués à la science, qui, à force de talent, de conviction et même de courage devant une opposition acharnée, avaient été assez heureux pour en accomplir la résurrection.

Toutefois, à cette époque, les pièces recueillies étaient encore peu nombreuses : depuis elles se sont amplement accumulées, grâce aux fouilles incessantes qui chaque jour vinrent enrichir les collections archéologiques. Celles qui intéressent l'art spécialement consistent dans des dessins gravés au trait et dans des sculptures plus ou moins avancées; les uns comme les autres représentant des animaux, des végétaux, parfois des figures humaines, mais ces dernières toujours rares, et plus imparfaites : le tout escorté d'une immense quantité d'armes et d'outils. On les répartit en trois catégories, se rattachant : la première à la période de la pierre taillée, la seconde à celle de la pierre polie, la troisième à celle du bronze et des autres métaux.

PÉRIODE DE LA PIERRE TAILLÉE.

II. — Pour étudier cette division initiale d'après des exemplaires caractéristiques, nous choisirons deux incisures très admirées lors de leur publication, et qui peuvent être considérées encore aujourd'hui comme les plus beaux, ou à peu près, des spécimens réapparus. Elles représentent l'une l'ours des cavernes, l'autre le mammouth, animaux tous deux éteints depuis des centaines de siècles; elles sont faites sur des plaques d'os et d'ivoire; elles ont été trouvées en France, le mammouth dans la Dordogne, l'ours dans les Pyrénées; enfin il a été reconnu qu'elles proviennent de l'époque dite de la pierre taillée ou paléolithique, qui occupe l'étage quaternaire tout entier, et qui est la seconde des temps préhistoriques, en y comptant la partie de l'âge tertiaire où l'on retrouve le prédécesseur de l'homme; elle est donc la première où l'homme lui-même ait été rencontré. On ne contestera pas sans doute que les sauvages d'alors, chasseurs errants et incultes, n'auraient pu atteindre du premier coup à la perfection relative que présentent de telles gravures, et que celle-ci n'implique une initiation quelconque. Pour nous nous y voyons plus encore, l'indice de la transmission héréditaire d'efforts successifs, c'est-à-dire d'une tradition, et d'autant plus longue, comme le sont toujours les premiers tâtonnements, qu'elle avait à se former chez des esprits à peine dégrossis. Cependant, s'il est avéré que dès le niveau tertiaire cette sorte d'homme était vivant, bien qu'il ne fût probablement pas celui de notre espèce, mais seulement son précurseur, simple primate anthropoïde (1); si celui-là taillait, ou plutôt éclatait le silex, et ressentait donc une certaine aptitude au travail réfléchi, néanmoins il ne devait pas avoir le langage; on ne peut lui attribuer par conséquent la pos-

(1) Nous suivons dans ce chapitre l'enseignement de M. de Mortillet à l'École d'Anthropologie; enseignement dont, pour notre part, nous lui exprimons toute notre reconnaissance.

session de l'expression figurée, vraisemblablement inaccessible avant l'expression parlante : aussi n'est-ce pas au-delà du temps quaternaire que nous ferions remonter une manifestation si simple qu'elle fût de l'instinct esthétique. Il est vrai d'autre part que les graveurs de nos plaquettes appartiennent non à la race la plus ancienne, mais seulement à la seconde qui ait été reconnue à partir de cette division géologique : car dans le classement adopté leurs ouvrages, distinctifs du type de la Madeleine, sont précédés des ébauches sculptées particulières à celui de Solutré, jugé antérieur (1); et celles-là de même eurent assurément pour préparation des travaux plus rudimentaires encore. Ainsi les faits comme le raisonnement s'accordent à reporter l'initiation que nous croyons constater, au moins à l'état de germe natif, puis de mentale incubation, jusqu'à l'origine des premiers humains. On verra plus loin pourquoi cette conjecture motivée ne saurait nous être indifférente. Quoi qu'il en soit, l'histoire artistique commençait alors pour se continuer jusqu'à nos jours et au-delà : et nous disons histoire bien qu'ici nous soyons en pleine formation préhistorique, parceque les monuments envisagés y ont une place à peu près aussi franchement définie, à notre point de vue, que le seront dans leurs temps respectifs celles des objets créés au milieu des civilisations futures; en sorte qu'à proprement parler il n'y aurait pas de préhistoire pour les arts, si l'on entend par là une ère où les documents authentiques auraient fait défaut.

C'est pourquoi, avant d'aller plus loin, nous ne saurions résister au désir d'assigner à nos images une date au moins approximative : combien il serait intéressant de conjecturer, bien ou mal, vers quel temps de sa croissance notre globe, qui n'avait encore porté que la vie brutale,

(1) Les deux rennes en pierre de Solutré sont malheureusement détériorés ; mais dans l'un le dessous du train postérieur, mieux conservé, offre une exécution excellente : ce qui ferait croire qu'ils furent peut-être très supérieurs à leur apparence actuelle, et reporterait infiniment plus en arrière l'essor artistique qui semble avoir commencé à l'âge de la Madeleine.

vit apparaître l'art naissant! A ce souhait la réponse, si elle était possible, ne peut venir que de la géologie et de la science préhistorique même. Or celle-ci nous enseigne la première qu'il y a, dans la découverte des ossements fossiles, un moment où la marque sur la mâchoire humaine d'une certaine attache musculaire annonce que le langage articulé succéda enfin, chez nos si lointains ancêtres, au cri et à la gutturation bestials (1) : et aussitôt l'analogie nous autorise à croire que leurs premières tentatives artistiques durent coïncider avec ce progrès immense, et probablement bien longtemps poursuivi. En effet plus on cherche à se rendre compte de nos facultés mentales, plus il apparaît que le dessin soit une forme seconde et nécessaire de la parole, laquelle tend à compléter la principale, ne fût-ce qu'en la gratifiant provisoirement et jusqu'à l'invention de l'écriture, d'une extériorité fixe et transmissible : c'est ce qu'atteste l'hiéroglyphe, qui à l'origine des peuples, se montre ordinairement comme l'ébauche de toute transmission graphique; étant réservé toutefois l'exercice direct et tout à fait spécial de nos aptitudes plastiques, auquel s'adressent les objets qui nous occupent, et qui est une modalité tellement significative de l'activité intellectuelle qu'elle y crée un domaine à part. Dès lors, à l'égard des antiques riverains de la Vézère, lesquels succédaient à l'homme véritablement primitif, à peine la forme fondamentale du parler leur eût-elle été acquise, que l'instinct dut les porter à rechercher l'autre, la forme figurée. Mais ici la géologie intervient à son tour, et c'est elle qui va prolonger nos conjectures. On a calculé que la période glaciaire, terme séparatif, à peu de chose près, des temps tertiaire et quaternaire, est vraisemblablement éloignée de nous par un espace d'au moins deux cent vingt-mille, et même s'il fallait en croire certaines interprétations, de peut-être sept cent mille années; et comme ce fut à partir de cette

(1) La mâchoire de la Naulette, qui est de l'époque de saint Acheul et de Chelles, c'est-à-dire tout-à-fait de la première partie du quaternaire, ne porte pas encore l'apophyse géni.

grande révolution climatologique que surgirent les peuplades antérieures à celles de nos dessinateurs, si, pour correspondre à l'initiation que nous présumons, on retranche de ces chiffres formidables telle partie que l'on voudra, le surplus, estimé d'après la mesure que chacun trouvera la plus admissible, donnera l'indication cherchée. A quelque distance que le moment en soit rejeté, on avouera que dès son point de départ l'examen des œuvres plastiques nous élève assez haut dans le passé pour qu'il soit exact de dire que l'art n'est pas jeune sur la terre.

Inaugurons présentement les analyses alternantes que nous avons annoncées, en commençant par envisager concrètement nos deux documents. Nous remarquons dans la représentation de l'ours des cavernes la physionomie générale bien distincte de la bête, la fermeté de son attitude debout, l'exactitude de ses contours concaves et convexes dont la concordance établit nettement la structure des membres, comme elle les relie entre eux et au tronc; et pour la finesse de l'observation, l'indication de la bosse frontale, laquelle, l'auteur ne s'en doutait guère, est chez le mâle un des signes distinctifs de l'espèce. Bref dans ce premier dessin la délinéation offre une précision, une régularité des plus satisfaisantes. Tout différemment fut conçu celui du mammouth : il consiste en un croquis rapide et libre, fait non plus d'un seul trait, mais par reprises superposées, quoique conservant aussi bien que l'autre la justesse des proportions, de la construction et de l'ensemble : l'exécution d'ailleurs n'en ayant été peut-être que plus difficile, en raison même de cette sorte d'indépendance dans le tracé à laquelle l'artiste se laissait entrainer. L'animal court; son élan est plein de vivacité et de souplesse : et tandis qu'il baisse un peu la tête, en même temps, par un geste curieux propre à plusieurs grands quadrupèdes, il dresse sa queue à la racine et près du corps : pris au vol, le dernier trait atteste combien celui qui le releva était sagace.

tandis que les autres, la concavité du front, l'indication de la crinière, la cambrure spéciale et la grande dimension des défenses, montrent aussi son exactitude et sa véracité. En résumé ce second ouvrage, plus subjectif, dénote la liberté de l'esprit, comme le premier, sévère et contenu, en faisait voir la rectitude. Donc l'un et l'autre dépassant manifestement le but utile d'un équivalent supposable de l'écriture, surtout l'esquisse du mammouth, dans laquelle un travail aussi fantaisiste aurait nui au sens idéographique, la signification esthétique en est certaine autant que leurs qualités de facture sont saisissantes; et il n'était pas douteux qu'ils n'eussent droit à figurer, à titre d'œuvres d'art véritables, en tête de notre examen historique.

Au point de vue abstrait, quelles notions ces échantillons apporteront-ils à la formation du système plastique? Observons, afin de confirmer d'avance nos déductions, que la plupart des morceaux des mêmes âges, trouvés dans l'Europe occidentale depuis les Pyrénées jusqu'à la Belgique et depuis la Suisse jusqu'à l'Angleterre, présentent à des degrés différents un aspect analogue : ce qui signifie qu'alors l'esprit artistique n'était pas localisé chez quelques groupes favorisés, mais se montrait commun à toute une vaste étendue géographique. En conséquence, quelque étonné que l'on soit de rencontrer d'aussi bonne heure des symptômes esthétiques assez répandus et affirmés pour qu'on puisse en extraire les principes constituants, il résulte de la donnée précédente l'apparition d'un premier terme physique catégorique, celui de la forme : lequel se révèle ici dans son aspect de liberté, tel que l'offre surtout la vie végétale et animale, et déjà conçu en ses deux états normaux de statique et de dynamique; le premier manifesté par le dessin si ordonné de l'ours, le second ressortant de celui du mammouth, où la délinéation dépasse hardiment la réserve de la copie rigoureuse pour prendre une allure aisée, personnelle, qui est un premier signe d'évolution. N'hésitons pas à le proclamer : en s'assimilant aussi fermement cette conception initiale, qui désormais persistera indéfiniment dans son avenir esthétique, l'homme encore faible de tête et grossier de corps obtenait hâtivement sur le monde extérieur et sur lui-même une importante conquête spirituelle; et nous ne croyons pas nous faire illusion en affirmant qu'elle marque d'un éclat singulier sa première étape dans le territoire de l'art. Enregistrons dès maintenant l'élément de la forme comme acquis à la systématisation plastique, où il va occuper par rang d'âge la première place entre les termes physiques.

Mais nos gravures, vu leur mode de réalisation, ne comportaient pas l'expression d'autres éléments de la même catégorie, celle du principe externe. La couleur aurait pu déjà s'appliquer à la poterie, et par suite se montrer à nous dans les débris de celle-ci : toutefois la poterie a-t-elle existé sitôt? C'est ce dont les fouilles ne fournissent aucune preuve. Et pour ce qui est de la lumière, le fait cité plus haut dans ce chapitre, à propos des Chinois qui n'ont pu jusqu'ici se l'assimiler artistiquement, annonce assez qu'il serait irrationnel d'en supposer aucune imitation praticable à l'époque où nous sommes. Cependant, en revenant à la couleur, quelques signes dénotent que dès avant les intailles ci-dessus, il dut bien s'en manifester chez le plus antique sauvage de nos contrées une certaine préoccupation, même quasi esthétique; indication vraisemblable après tout, puisque la même recherche est visible dans les agissements de beaucoup d'animaux voisins ou même fort éloignés de l'homme. En effet la calotte crânienne de Néanderthal, contemporaine des premiers terrains quaternaires, fut trouvée avec des restes de collier contenant des parcelles colorées. En outre sur l'un des rennes de Solutré dont nous parlions précédemment, on rencontre un fait notable : son corps est piqueté de points régulièrement semés, figurant les taches du poil chez le faon; et l'on ne peut douter que le statuaire n'ait eu l'intention de reproduire ainsi un contraste soit de couleur, si c'était deux tons différents qu'il voulait rappeler, soit de lumière, s'il visait la différence du clair au sombre, puisque cette indication s'observe à nouveau sur un bâton de commandement de la Madeleine, où l'on voit encore un faon très-bien dessiné, tout pointillé de la même manière, suivi d'un renne adulte qui ne porte pas ce genre de travail. Enfin l'on a recueilli dans les refuges d'alors les matériaux du tatouage, toujours assez répandu chez les tribus les plus incultes, anciennes ou contemporaines, et l'on peut donc par conjecture attribuer à ces temps le goût de se peindre soi-même, en attendant une plus véritable peinture. Cependant, malgré la concordance de témoignages si divers, ne devançons pas les révélations positives; et tant qu'elles n'auront pas effectivement démontré qu'à telle date la pratique plastique de la couleur ou de la lumière aurait été tentée, mieux vaut ajourner la recherche des termes suivants du milieu physique.

Passons à la considération des éléments intellectuels. On a vu comment la population surgie avec le temps quaternaire manifestait chez sa seconde race et dans la période encore bien âpre de la pierre taillée une aptitude artistique non douteuse : or elle n'avait pas encore l'idée de polir cette pierre et de compléter ainsi la construction de ses outils; n'est-il pas d'autant plus surprenant qu'à l'endroit de l'art elle se fût mise si grandement en avance sur le reste d'un développement à peine ébauché? Toutefois dans ce genre d'application psychique le degré initial était bien le seul où elle pût s'élever : et il était par trop impossible qu'elle y dépassât l'acte le plus élémentaire, qui est celui de l'observation. Au surplus, sans s'en douter, combien de nos artistes aujourd'hui même ne s'avancent guère plus loin! Entre les graveurs au silex de la Dordogne ou des Pyrénées et telle célébrité contemporaine se contentant à l'ordinaire de copier un modèle complaisant, quelque paradoxale que paraisse la comparaison, si on mesure le mérite à l'égard du seul élément de la forme, peut-être le moderne l'emporte-t-il grâce à des procédés perfectionnés, au passé secourable, à un entourage plus excitant, autant que par l'effet de sa valeur personnelle. En tout cas, ce qu'il ajoute à la vue pure et simple des objets est assurément peu de chose. Qui donc s'étonnerait alors que l'homme préhistorique n'ait pas fait d'avantage? Et ne devons-nous pas au contraire admirer, en raison de son état cérébral commun, que de si bonne heure il ait su nous enseigner pour la première fois comment on étudie avec attention, avec pénétration, avec l'émotion du beau, car il la ressentait; et de quelle façon, malgré l'insuffisance des moyens, on peut traduire d'un esprit sûr et avisé, lorsque l'on sait si bien voir? Il inaugura ainsi pour toujours, à notre profit comme au sien, la première opération esthétique, celle qui sera le point d'appui des autres, l'observation. Et nous la comptons également comme fixée à partir d'ici dans notre construction organique, où elle s'établit à la base de la seconde division, à titre de fonction intellectuelle fondamentale.

Et qui sait si l'essor de ces initiateurs n'était pas près d'atteindre plus haut, si des imitations comme celles que nous avons sous les yeux, tellement caractérisées qu'elles en sont presque typiques, ne pourraient être considérées comme voisines de l'abstraction? Mais n'insistons pas sur ce point non plus, sinon pour rappeler combien il est toujours difficile de renfermer les données analytiques dans une seule catégorie; et que les classements produisent moins des distinctions intégrales qu'une concentration de vues d'ensemble plus complexes. Du reste la période évolutive prochaine, celle de la pierre polie, indiquera mieux tout à l'heure la marche de l'esprit esthétique naissant vers la modalité suivante.

Nous disions plus haut que l'époque paléolithique a donné aussi des sculptures : il y faut signaler, indépendamment des statuettes en pierre de Solutré, deux autres rennes taillés en ivoire, qui ont été trouvés dans la caverne de Bruniquel, de l'âge de la Madeleine. Ces derniers sont des travaux hors ligne dont le mérite équivaut bien à celui de nos incisures de l'ours et du mammouth ; et de plus, comme ils décorent des manches de poignards, le tronc élancé de l'animal, sa tête renversée et appuyant les bois sur le dos, ses jambes de devant pliées, celles de derrière allongées pour commencer la lame, toute cette adaptation du corps à la configuration d'une arme dont il constituait la poignée forme une composition moitié artistique, moitié industrielle, pleine d'ingéniosité. Mais ce qu'il nous importe particulièrement de constater au sujet des objets de cette seconde espèce, c'est que l'échange des procédés d'imitation, tantôt par le dessin, tantôt par la sculpture, produisit la division des arts à l'heure même de leur origine; et que là encore nous rencontrons un des grands principes esthétiques acquis par nos ouvriers si bien doués de la pierre taillée. Pourtant ils ne découvrirent que deux des modes figuratifs de la plasticité, la sculpture d'une part, de l'autre le dessin, comme préparation à la peinture: à la vérité ils pouvaient d'autant plus difficilement imaginer des rudiments d'architecture que leur façon de se loger ne les y conviait point, car ils ne se façonnaient pas de demeures fixes, et changeaient sans cesse leurs stations, abris ou cavernes, pour suivre les pérégrinations du gibier.

Mais quel que fût parmi eux le succès des sculpteurs, lesquels en outre se montrent à nous les premiers en date avec les reliefs de Solutré, il faut avouer qu'en un sens le dessinateur distança son émule, si encore tous deux ne se confondaient pas en un seul artiste; puisqu'on rencontre à la suite des intailles simples que nous venons d'étudier, certaines compositions gravées portant des troupes entières de bouquetins, dont l'importance du côté de la mise en scène n'a pas d'analogue dans les ouvrages modelés. Et là nous avons de nouveau à relever un autre principe, mais celui-ci simplement éventuel et non nécessaire : car le fait qui l'établit aurait pu ne pas se produire en des circonstances meilleures. Il eût été normal que la première tentative sollicitant l'imagination dès le début fût de copier le modèle naturel tel qu'il se présente aux regards, objectivement et dans son plein volume : cependant on devine que la difficulté matérielle ne manqua pas d'intervenir, et que le tranchant imparfait du silex était trop impropre à fouiller un modelé pour que le progrès sculptural ne s'en trouvât pas entravé ; tandis que, s'il ne s'agissait que de dessiner, une pointe de burin de la même matière y suffisait jusqu'à nouvel ordre. D'un côté l'obstacle, de l'autre la facilité causèrent donc une prompte déviation de l'esprit vers une imitation seulement linéaire et toute en surface, conséquemment incomplète par le nombre des dimensions, mais que l'on était en état dès alors de réaliser beaucoup mieux. Quoique aussi, dans la substitution que celle-ci exigeait d'une copie plane à une vue cubique, la réduction mentale obligée rendît peut-être le travail non moins pénible ; il est vrai que c'était à l'égard de la conception esthétique, et l'on a vu comment elle semblait à nos zélés artistes plus séduisante que la recherche industrielle. Ainsi, dans le principe, l'ordre suivant lequel les divers modes de l'expression plastique étaient appelés, semble-t-il, à se succéder naturellement, se trouva renversé par suite des obstacles matériels, et le développement du dessin prit les devants, on pourrait dire indûment : car la priorité normale de la sculpture se confirme empiriquement par ce fait que lorsque l'outillage ne lui manqua plus, comme en Grèce par exemple, elle atteignit la perfection beaucoup plus tôt que la peinture, qui ne put se développer au même degré avant la renaissance italienne. Nous avons fait voir que, soit pour le même motif, soit pour d'autres raisons, les choses se sont passées d'une façon analogue à l'avénement des éléments physiques : celui de la lumière, le plus compréhensif et qui par là paraissait apte à être traité plus tôt que les autres, se trouva également écarté, et relégué presque jusqu'à la fin des découvertes modernes. Mais pour lui ce fut bien autant en raison des conditions d'observation subtiles qui lui sont spéciales, que par l'exigence même de sa traduction, d'ailleurs si compliquée qu'elle devait attendre la formation d'un niveau artistique infiniment plus élevé ; ce qui est aussi un argument de plus expliquant le retard de la peinture vis-à-vis de la statuaire.

Ici s'arrête l'analyse des dessins que nous avions choisis comme représentant le mieux l'époque de la pierre taillée; et avec elle se trouve achevée l'étude de la division paléolithique correspondant à l'âge quaternaire, dont la durée fut immense. Les indications obtenues jusqu'à présent se rapportant à cette première catégorie seront complétées plus loin lorsque nous aurons à embrasser l'ensemble des évènements esthétiques de la préhistoire : cependant dès maintenant elles assignent une tendance précise au début de notre examen chronologique, où des restes si favorablement conservés nous ont permis d'apprécier sûrement l'origine des arts en dépit d'un éloignement à peine saisissable par la pensée; origine d'une si grande conséquence, puisqu'elle doit en régir tout le développement suivant la direction communiquée à leur marche première.

III. — La succession des objets artistiques fossiles rencontre maintenant les temps dits actuels. La partie de ces temps antérieure aux phases historiques sera beaucoup moins longue que ne l'avait été la période géologique et précédente ; elle formera deux sections, celle de la pierre polie, appelée néolithique, et celle des métaux; et cette dernière se partagera encore en deux subdivisions consécutives, l'une pour le bronze et ses congénères, l'autre pour le fer, qui vint isolément et plus tard. Réunies ensemble, les époques de la pierre polie et du métal, contemporaines pourtant de grands changements sociaux, ne nous présenteront pas autant d'intérêt que la seule division paléolithique. En effet l'impulsion mentale une fois donnée dans celle-ci, les suites n'avaient plus qu'à s'en poursuivre, tant que le groupement humain ne se serait pas procuré un état tout à fait supérieur et nettement tranché, c'est-à-dire jusqu'à l'avènement de civilisations réelles, telles que celle du type égyptien; et d'ici-là, quoiqu'il y ait eu également bien des siècles à parcourir, on verra que l'évolution plastique n'en profita pas en proportion. Apparemment son premier élan, selon nous très fécond, appelait après lui un repos corrélatif : car il était naturel qu'ici comme partout la progression oscillât entre des alternatives de mouvement et d'immobilité, d'avancement et de recul. Aussi avons-nous à prévoir présentement peut-être des modifications organiques plus ou moins grandes, mais en fait de principes nouveaux, des acquisitions seulement secondaires.

PÉRIODE DE LA PIERRE POLIE

A une date inconnue, qui dans les pays occidentaux mit fin à l'ère propre de la pierre taillée, les fouilles préhistoriques font connaître que la première ébauche de société, qui jusque-là grandissait lentement, prit tout à coup une face différente et meilleure : on croit que cette métamorphose eut lieu par la survenance et sous la pression d'abord belliqueuse mais finalement pacifique d'hommes plus éclairés, qui auraient fait de l'invasion une source de prospérité pour les vaincus. Le bienfait initial du nouveau régime fut de substituer l'habitation fixe à la vie nomade, et une nourriture assurée d'avance à l'alimentation hasardeuse due à des chasses perpétuelles, seule usitée auparavant; provenant de l'essai de l'agriculture et de la pécoration, il s'accompagna d'une industrie perfectionnée où la poterie commence à figurer, d'un certain art militaire, d'une apparence de religion, enfin d'un commerce lointain, agent probable d'une importation aussi vaste.

Jusque-là l'outillage comme l'armement employaient concurremment la pierre et l'os, la pierre qui chez le demi-homme tertiaire était simplement éclatée au feu et à peine dégrossie, que l'homme quaternaire et définitif n'avait taillée que par percussion et de façon barbare, et que maintenant on va polir. C'est là un point notable; et il intéresse notre étude en ce qu'il nous amène à considérer la construction des instruments de travail, de chasse et de guerre, qui n'avait encore eu rien à nous apprendre, et qui désormais au contraire déterminera en grande partie, à notre point de vue, le progrès des temps nouveaux. Mais les immigrants commerçants et guerriers n'apportaient pas seulement des perfectionnements extérieurs; ils poussaient devant eux des idées, des théories, et comme signe de la religiosité déjà relatée, l'organisation du culte des morts. Tandis que les vivants se contenteront encore d'habiter des huttes en branchage, à l'avenir on construira pour les parents défunts ces milliers de dolmens avec leurs tumulus dont les blocs magnifiques resteraient sans doute éternellement enracinés au sol si la culture moderne ne s'en trouvait encombrée (1). Du dolmen originel procéderont des dispositions abréviatives ou dérivées, monuments soit civils, soit religieux : la table ou portique, la pierre levée ou menhir, que certains auteurs considèrent comme fétiche, l'alignement ou rangée des mêmes pierres en séries droites, circulaires ou carrées. L'art militaire produira également ses travaux: l'oppidum, enclave retranchée, dont le plan, la distribution, les défenses progresseront sans cesse selon les nécessités croissantes; le tertre fortifié, sorte de tumulus ceint de fossés et portant une construction en bois; la tour, soit encastrée dans les murailles, soit isolée pour la garde des approches, et servant même tantôt de refuge, tantôt de maison défensive. Enfin à la longue on sentira le besoin d'habitations plus sûres, on imaginera la cité lacustre: système plus ou moins complexe et variable, qui se pratique encore chez quelques peuples sauvages contemporains, et est un indice des plus intéressants de la façon dont la vie des temps les plus lointains se relie à la nôtre.

(1) L'apparition subite dans les dolmens de crânes d'une nouvelle forme (brachycéphale) est la preuve certaine de l'intervention étrangère. D'autre part rien ne semble plus naturel que d'admettre en principe un renouvellement de la race accompagnant chaque grande révolution industrielle.

PÉRIODES DU BRONZE ET DES MÉTAUX

Assez longtemps après, mais cette fois sans que nulle secousse semble avoir marqué la transition, une progression nouvelle fit apparaître le bronze ; venu sans doute des régions du sud de l'Asie, qui possèdent ensemble l'étain et le cuivre, il se répandait de proche en proche jusqu'à nos contrées : et maintenant trois matières, pierre, os, métal, et dans la dernière classe les premiers furent le cuivre et l'or qui se recueillent à l'état natif, seront utilisées concurremment. Enfin le fer, mais celui-ci tout à fait après les autres, vint compléter pour toujours l'appareil du travail et de la défense ; l'Afrique probablement, qui l'offre à la fonte avec une facilité exceptionnelle, l'envoyait vers le Nord au travers de l'Egypte.

Naturellement à la double série des faits sociaux récents correspondirent des faits plastiques appropriés. Tout d'abord, soit par le polissage du silex et autres roches, soit par le martelage, le coulage de l'or, du cuivre, du bronze, puis du fer, soit enfin par le modelage des vases, la délinéation des objets fabriqués prit une régularité vainement poursuivie à l'aide des matériaux et des procédés anciens : les haches de pierre perfectionnées, amenées à un degré de fini extrême, présentèrent pour la première fois dans leur structure une netteté et une symétrie agréables aux yeux ; et quant aux pièces de bronze, ce ne fut pas seulement par les mêmes mérites qu'elles excellèrent, mais par la variété de leurs appropriations beaucoup plus nombreuses, ainsi que par une infinité de combinaisons de plans, de lignes, de courbes, d'angles, avec l'opposition si intéressante du creux et du relief, qu'on n'avait jamais connues anciennement. Puis le luxe couronna cette production si activement ascendante en créant de vrais bijoux, dont quelques-uns d'une invention si belle dans la proto-histoire qu'elle fut conservée depuis, et qu'on les imite encore.

C'est donc là un concours d'améliorations non-seulement utilitaires, mais d'un effet esthétique ; quoiqu'à ce second point de vue, malgré une extériorité saisissante au premier coup d'œil, elles soient moins effectives du côté des principes qu'on pourrait le croire, ainsi qu'il a été dit et qu'il sera démontré. Nous allons les considérer dans les deux âges à la fois, pierre polie et métal, puisque tous deux donnent lieu aux mêmes observations. Tant que la matière fabriquée ne fut autre que la pierre taillée par éclat, la nature seule fournissait aux premiers hommes leurs notions plastiques : or ses produits comportent des indications flottantes, irrégulières, dissimulées pour ainsi dire ; et en ce qui concerne le galbe des corps, des lignes oscillantes, des surfaces plus ou moins contrariées par les accidents. Mais lorsqu'on eut imaginé de lisser le silex, on dut remarquer la pureté de contour et de modelé que produisait ce nouveau travail. Surtout quand ayant coulé une hache de métal, on abattit les bavures qui l'auraient rendue impropre au service, le charme toujours constant, puisqu'il se produisait mécaniquement, de sa silhouette exacte apparut encore bien davantage. Enfin après qu'eut été construite la maison du genre lacustre, on ne manqua pas d'observer sur elle mieux qu'auparavant sur les rochers ou les montagnes lointaines, les plans contrastants de ses parois, leurs arètes liées ou brisées, leurs angles saillants ; en un mot, les données pittoresques d'un volume régulier. C'est ainsi que, parvenu à ce degré d'avancement, l'objet fait de main d'homme suscita des révélations que la vue ambiante et de provenance impersonnelle n'aurait pas comportées, et qu'il en ressortit bientôt l'accoutumance d'un second aspect des corps fixe et rigoureux, formant antithèse soit avec la figure indécise des instruments de confection ancienne, soit avec le tracé libre, mais essentiellement artistique, des beaux dessins d'autrefois. Cependant croirons-nous que l'on eût alors conscience de ce qu'il venait d'être obtenu un dédoublement du principe de la forme? Evidemment non ; le phénomène en ce moment ne pouvait être autre chose qu'inconscient, et devait rester bien longtemps en dehors de toute évaluation rationnelle. Mais c'est à nous de reconnaître, par un retour en arrière, qu'antérieurement à ces découvertes on n'avait possédé l'élément de la forme que sous sa première face : et que l'adjonction de la deuxième, nécessaire et destinée à émerger tôt ou tard, s'était réalisée à leur époque. Toutefois, ainsi que nous le faisions pressentir, nous devons apprécier également que la conception mathématique n'a pas théoriquement autant de prix que l'autre : les hommes de la pierre taillée avaient tiré du néant l'idée de l'élément lui-même, ce qui était autrement difficile à obtenir et certainement plus décisif pour l'avenir de la plastique : ceux de la pierre polie, trouvant le principe organique tout établi, n'eurent qu'à en produire l'aspect second, inverse, et pour ainsi dire corollaire. Pourtant cette acquisition aussi était considérable ; d'abord par l'éclat tout à fait supérieur des réalisations qu'elle introduisit, et qui méritaient d'émerveiller des hommes chez qui la manifestation extérieure était tout, alors que la loi mentale leur en restait inaccessible ; puis parce qu'un autre art tout entier, l'architecture avec ses nombreuses annexes, allait en ressortir, complétant dès avant l'arrivée à l'histoire et même à la période protohistorique, le cycle des divisions figuratives. Nous consacrons l'avancement de ces derniers temps en rattachant à l'organisation de notre système le mode de la forme géométrique, corrélatif et complémentaire de celui de la forme libre : tous deux étant les parties du même terme physique, et l'élément intégral de la forme plastique se reconstituant en entier dans leur réunion.

A l'égard de la couleur, dans l'âge de la pierre polie et de plus en plus à mesure que l'on s'en éloignera nous commencerons à recueillir quelques documents ; cependant la poterie, nous avons vu qu'elle venait d'être acquise et elle devint rapidement d'un commun usage, est le seul procédé à la portée des civilisations élémentaires dont les peintures puissent échapper à une destruction spontanée; encore faudrait-il d'ordinaire que pour conserver leurs tons en bon état les terres eussent été émaillées; mais les restes qui en ont été retrouvés n'offrent pas un système de coloration bien significatif, tandis qu'au point de vue de la forme et du dessin d'ornement il sont souvent remarquables : sans que l'on puisse non plus songer à aucune comparaison avec les beaux vases égyptiens, étrusques, grecs, qui nous occuperont plus tard. Moins immédiatement la fabrication des armes métalliques permet certaines combinaisons de nuances,et l'on peut, d'après quelques spécimens, admettre en ce temps l'usage de ce contraste dans leurs dispositions. En outre on imaginera, si l'on veut, que les gens d'alors teignaient la laine; car à défaut d'invention locale les orientaux, dont l'instinct à l'égard de ce travail paraît avoir toujours devancé et surpassé le nôtre, n'auraient certainement pas manqué, dans leur trafic, d'y fournir des modèles excitants. Bref, si jusqu'à la fin du préhistorique nous restons encore dans l'incertitude sur ce qu'y fut la recherche de la couleur, cependant, d'après les conjectures précédentes, et par-dessus tout dans la nécessité où l'on est de penser que le dessin géométrique devait s'accompagner d'une ornementation peinte concordante, on est autorisé à admettre que la notion en était pour le moins apparue aux occidentaux au moment de la pierre polie et surtout du bronze : mais en remarquant que son emploi demeurait indirect, industriel ou de pure fantaisie, et probablement éloigné d'une véritable pensée d'art, de celle où l'on aurait cherché moins à profiter grossièrement des matériaux teintés qu'à mettre esthétiquement en pratique les principes du coloris.

La lumière avait moins de chances encore d'arriver à se faire sitôt admettre, pour les raisons que nous avons plusieurs fois énoncées. Néanmoins en regardant une pierre levée, monument admiré sans doute complaisamment par ceux qui l'avaient dressé au prix de tant d'efforts, quiconque voyait le soleil et l'ombre tourner à l'entour; ou bien celui qui observait sur une cabane le contraste des murs éclairés et de leurs baies sombres, ou son intérieur obscur succédant au seuil lumineux, celui-là ne pouvait rester toujours insensible à de telles impressions : c'était, envers la forme, par quelque chemin analogue, soit l'étude du gibier et de ses moyens de défense, soit le choix de la proie la plus belle, que ses ancêtres étaient parvenus à en découvrir la signification artistique : lui aussi, à force d'amasser les remarques et les réflexions, devait en venir un jour à soupçonner comment nous apparaîtrait plus tard la lumière plastiquement comprise.

Il serait d'ailleurs injuste de ne pas tenir compte ici des indications fournies par des pièces telles que le renne sculpté de Solutré, et quelques autres œuvres manifestant la même intention : bien que restreint et presque indirect leur témoignage suffit à montrer, à l'égard des deux éléments physiques lumière et couleur, dont la connaissance est si difficile à constater dans un pareil lointain, que très-probablement ils ne furent jamais tout-à-fait ignorés, au point de vue esthétique, des populations originelles de l'Ouest Européen.

Cherchons enfin, du côté des moyens intellectuels et toujours dans les mêmes périodes réunies, quels éléments y concoururent au progrès. L'observation fut nécessairement l'opération psychique spéciale aux immenses séries de siècles où l'humanité avait à poser les premières assises de son avenir spirituel, social, plastique. Pénétrer le sens visible de la nature autrement que pour l'utilité brutale, assouplir à cette fine besogne un cerveau aux cellules mal déterminées, c'était pour elle un travail assez lourd. Toutefois à l'apparition des métaux elle éprouva vraisemblablement une telle secousse dans les diverses façons de la vie qu'elle dut prendre en tous sens un élan auquel participa la pratique de la forme géométrique. Or celle-ci, lors même que l'on ne se rendait pas compte de ce qui la spécifie, conduisait la pensée au delà de l'image perçue vers quelque figuration ultérieure, et prolongeant la même voie; peu à peu l'on dépassa ainsi l'observation pure, l'abstraction fut entrevue, et on se rapprocha de l'interprétation. C'était essayer un grand pas, celui par lequel l'intelligence, jusque là passivement soumise aux forces du dehors, allait déployer son ressort intime et s'ouvrir une carrière nouvelle. Mais de rechef gardons-nous de vues trop avantageuses : en réalité il n'y avait là encore qu'une préparation de croissance. La période égyptienne à laquelle nous arrivons nous montrera pour la première fois l'opération abstractive agissant dans sa plénitude, et devenant caractéristique d'un autre degré évolutif.

L'achèvement de la division des arts fut alors un résultat plus évident de l'émancipation générale. Les dolmens, les oppidums, les cités lacustres, où de véritables maisons étaient construites et ne pouvaient se ranger sans une certaine symétrie, tout cela formait un rudiment d'architecture : et la troisième des modalités plastiques vint compléter en principe la série ébauchée auparavant par le dessin et la sculpture. Bien mieux, l'art de l'ingénieur doubla aussitôt celui de l'architecte ; car il fallait un surprenant déploiement de force, probablement avec quelques ressources mécaniques, pour dresser des tables de pierre mesurant jusqu'à vingt et quelques mètres en largeur ; ou des menhirs qui parfois atteignaient la hauteur des plus grands obélisques. On connut aussi les travaux en bois : cette même édification lacustre avec ses innombrables pilotis, ses plates-formes, l'assemblage des poutres dans ses bâtiments, était en charpenterie un labeur où la prévoyance et la combinaison avaient gran dement à s'exercer. En somme il est important de constater que le partage des arts s'acheva, comme on le voit, dès avant la fin des âges préhistoriques, et qu'à ce moment nous avons à le compter également comme un principe établi.

Malheureusement ces succès eurent leur revers : on vit poindre dès la pierre polie le symptôme morbide que nous avons annoncé comme devant à bien des reprises, au long de la filière chronologique, interrompre et même supprimer les progrès antérieurs. En même temps que se montrait l'art géométrique, l'autre, l'art libre, le plus spontanément artistique, venait à s'éclipser : on ne trouve plus, conjointement à la pierre polie et au bronze, ces beaux dessins si animés, si sympathiques encore à nos yeux modernes, que nous admirions tout à l'heure, et l'on s'étonne de voir subitement une délinéation toute de traits et de points combinés en arrangements rigides substituer sur les outils et les vases, quelquefois sur les parois des dolmens, son aspect inerte à la saisissante vitalité du genre figuratif antérieur. Fâcheuse surprise de la mode, qui si tôt montrait sa malfaisance. La race des hommes d'autrefois était pourtant toujours là, dominée il est vrai, cependant prête à bien faire : mais quelque aberration dogmatique émanée des nouveaux venus la dévoyait de son goût naturel. Il fallut attendre jusqu'à ce que la civilisation romaine se fût créé un second centre en Gaule, et que le vieux monde occidental sur son déclin appelat à son aide, en cette occurrence glorieuse pour eux, le génie de ces plus anciens de nos ancêtres. Alors leur heureux instinct évoqué de nouveau se substitua pour un moment à celui des Grecs et des Italiens épuisé, et de sa renaissance prolongea la vie de l'art antique. (1).

IV. — Les événements plastiques propres à la préhistoire nous ont fourni plusieurs organes systématiques définitifs ; il nous reste à en faire ressortir pareillement ou les principes nouveaux qui peuvent s'ajouter à ceux que la seule investigation préparatoire de notre sujet nous fit connaître, au second chapitre ; ou, parmi les derniers, la confirmation des notions que les mêmes faits démontrent immédiatement. Entre les indications nouvelles, une des

(1) Le colosse de Néron, représenté en *Hélios*, qu'après sa mort on dressa devant la maison dorée, avait été fondu par Zénodore, statuaire gaulois. Voir aussi, au musée du Louvre, l'Apollon en bronze doré retrouvé dans le théâtre gallo-romain de Lillebonne en Normandie : le style en est barbare, mais nouveau, et non sans beauté.

plus remarquables est la spontanéité du sens artistique parmi nos facultés constitutives : nous eûmes soin de la signaler dès l'essor psychique le plus initial des hommes de notre espèce, c'est-à-dire à la première aurore de toute civilisation. Il serait difficile de nier que le désir, le besoin plastiques ne soient chez nous le propre d'une fonction fondamentale et analogue pour l'esprit à celles du corps, lorsqu'on les rencontre manifestement prouvés à une si énorme distance chronologique. Déjà, quand cette faculté a si peu produit encore, elle témoigne pourtant de sa force native ; quelle valeur morale ne devra-t-on pas lui reconnaître lorsqu'elle s'élèvera par la suite à la manifestation de nos conceptions intellectuelles les plus grandioses ou les plus délicates, des plus puissants et des plus nobles de nos sentiments ! Et si, pour compléter l'appréciation de l'aptitude esthétique dès le moment de son apparition, nous supposions parallèlement aux témoignages précédents des essais équivalents en poésie et en musique (1), ce que sans doute on jugera plausible puisque les autres arts ont toujours marché de front avec ceux du dessin ; nous nous formerions ainsi un tableau de l'état mental des premières populations humaines qui, sans être trop invraisemblable, paraitrait plus flatteur qu'on ne l'aurait pensé, au cas où nos documents figurés ne lui auraient pas donné une assiette expérimentale. Cette reconstruction rationnelle ferait valoir davantage l'importance, au milieu de toutes les autres, de nos dispositions artistiques natives, qui non seulement furent tout-à-fait assurées à l'origine, mais s'y tenaient prêtes à dominer l'évolution générale au sein des civilisations prochaines.

Une seconde proposition aussi intéressante se présente ensuite. On doit remarquer dans les dessins que nous avons analysés l'identité de la façon dont ils ont été conçus avec la manière de voir actuelle ; et si l'on a pu

(1) On croit avoir trouvé des flûtes fossiles, et la plupart des peuplades sauvages ont des chansons poétiques.

dire que de bons artistes de nos jours ne les auraient peut-être pas mieux exécutés, on ajoutera tout aussi à propos qu'ils ne les imagineraient pas différemment. Il est donc constant que les hommes naissant il y a deux cent vingt mille ans, ou plus, voyaient et saisissaient la nature plastique comme nous le faisons présentement ; et que lorsqu'ils s'efforcèrent de la traduire, ce fut tout aussi bien sous une empreinte identique à celles que nous lui donnons nous-mêmes. Ceci ne prouve-t-il pas d'une manière saisissante l'unité du sentiment esthétique qui gît au fond de la constitution des races occidentales ? Unité organique et fonctionnelle dont la révélation démontre comment les œuvres d'art produites depuis un début si lointain devaient procéder toujours d'un seul et même esprit, malgré tant de variations extérieures, d'ailleurs si précieuses.

Autre considération, celle-ci inverse de la précédente. Nous avons reconnu plus haut, lors de l'avènement de la pierre polie et principalement du bronze, la régression évolutive de la forme libre : à quoi en attribuer la cause ? Evidemment à une différence d'aptitude originelle entre les races mises en présence par l'immigration. L'influence des orientaux était venue changer la vie occidentale ; les croyances qu'ils amenaient avec eux comportaient peut-être quelque aversion de la représentation animale et surtout humaine, analogue à celle qui, dit-on, trouble la conscience de l'Arabe, par exemple (1) ; et leur religiosité étroite se serait alors imposée jusqu'au domaine plastique. S'il en fut ainsi, comme il y a lieu de le croire, nous aurions là sous les yeux un spécimen singulièrement prématuré des déviations ou compressions intellectuelles dues au fanatisme, et que l'état sauvage le plus antique aurait inaugurées. Quant à la préférence de ces orientaux pour la forme mathémathique,

(1) M. de Mortillet attribue précisément leur provenance à la partie de l'Asie-Mineure située au sud du Caucase, et confinant à l'Arabie ; et les Arabes ont eu probablement, à toute époque comme de nos jours, des rapports avec l'Iran et avec l'Inde.

elle peut aussi s'expliquer. La possession du bronze, en favorisant l'industrie, leur avait assuré de bonne heure les loisirs qui développent l'intelligence : mais on a remarqué de tout temps chez les gens de l'Est, avec la faculté d'atteindre promptement les solutions provisoires de l'inconnu, une tendance à s'attarder indéfiniment dans les plus inférieures : en sorte qu'ils sembleraient incapables de parvenir à la virilité de l'esprit. D'autre part, si le dessin géométrique appartient plutôt à l'abstraction, formule déjà plus élevée que celle de la simple observation, dont relève la délinéation libre ; pratiqué comme il l'était par les nouveaux venus, c'est-à-dire de la façon la plus élémentaire, il reste bien au-dessous de ce que nos indigènes produisaient avec l'autre, où ils montraient un talent précoce, et qui n'aurait demandé qu'à grandir si les moyens lui en avaient été donnés. Peut-être aussi ces conquérants s'étaient-ils auparavant essayés chez eux sans succès à la forme libre, car aujourd'hui encore les peuples des mêmes pays sont restés de médiocres dessinateurs : mais de toute façon la modalité géométrique s'était enracinée dans leur esprit lorqu'ils l'introduisirent chez nous, et l'y firent exclusivement triompher.

Cette rétrogradation malheureuse montre donc que nous étions fondés à établir au chapitre précédent la règle de la particularité envers les faits appartenant à l'élément interne, puisquelle se trouve justifiée dès le commencement de l'examen historique, à propos du contraste observé entre les deux groupes d'hommes fusionnés dans l'occident quaternaire ; l'un né sur le sol, disposé à saisir la forme dans son intégrité, et surtout par le côté libre, lequel est le plus susceptible du développement artistique ; l'autre, l'étranger, exclusivement adonné au mode de la figuration mathématique. De plus il est certain que sans son secours nous nous serions trouvés embarrassés à la première comparaison à faire de ces peuples divergents, ne sachant à quoi rapporter l'irréductibilité qu'elle présente. Ainsi nous rencontrons actuellement la confrontation avec les faits d'un de nos aperçus antérieurs; et par suite nous pouvons prévoir comment, à mesure que la série des événements plastiques se déroulera sous nos yeux, les assertions analogues d'abord y recevront leur confirmation, puis nous serviront à éclaircir des difficultés nouvelles, qui resteraient plus ou moins insolubles si on n'avait la ressource de les rapprocher de lois générales et préconçues, propres à les expliquer.

Il est même une de ces dernières indications que nous devons citer aussi comme ayant reçu déjà pareillement son attestation empirique. On se souvient que le renne sculpté de Solutré porte la reproduction des taches de sa robe : est-ce leur coloris ou leur contraste du blanc au noir que l'artiste a voulu rendre, et l'expression qu'il met sous nos yeux appartient-elle à la couleur ou à la lumière? Dans cette circonstance nous sommes en présence d'une traduction affirmée en fait, sans que, par suite de l'incertitude spéciale, comme nous le disions, à ce contraste d'ensemble qu'on nomme l'effet, on puisse reconnaître dans quel sens elle doit être comprise : il est évident d'ailleurs que la gravure moderne la plus parfaite serait à peu près aussi indéterminée aux mêmes égards. C'est pourquoi nous signalions d'avance des cas probables d'indécision, presque invincibles en soi, entre la lumière et la couleur, et qui peuvent être considérés comme un vestige de la parenté originelle qui fait dériver la couleur de la lumière divisée. En outre on voit qu'envers un document d'une portée aussi vague par l'un de ses côtés, la méthode d'observation est tout-à-fait impuissante; mais que, comme dès à présent nous avons rencontré des traces de coloration intentionnelle, pierres teintées dans les colliers, terres pour le tatouage et autres indices, pendant que la lumière n'en a fourni aucun, à la faveur de ce rapprochement on peut présumer que la couleur aura plutôt intéressé le statuaire-graveur; et en fin de compte que le procédé méthodique apte à débrouiller la présente énigme serait la comparaison, préférablement à l'observation seule. Aussi encore avions-nous établi antérieurement l'obligation de joindre l'un à l'autre les deux procédés méthodiques.

On comprend à présent, non plus logiquement mais par vérification expérimentale, puisque nous avons en une seule division historique assisté à deux temps de progrès et à un temps de retour en arrière, consécutifs des évènements généraux, comment l'art s'est trouvé du premier coup attaché à toutes les vicissitudes de la vie sociale; et qu'ensuite il dut en rester l'expression fidèle, même dans ses phases d'extinction passagère, où il leur apporte encore, par son silence, un témoignage négatif. Nous en conclurons que, né avec l'humanité, il ne pourrait vraisemblablement périr autrement qu'avec elle. Grand motif de confiance pour la société d'abord, qui sentira quel secours intellectuel et moral elle peut attendre de l'exercice de ses facultés d'ordre figuratif, au moment où, comme de nos jours, quelques-uns de ses autres moyens d'idéalisation semblent destinés à une élimination croissante. Et cela sans qu'elle ait à craindre, cette fois, aucune des illusions ou aberrations du genre de celles que comportaient les systèmes théologiques, à l'action desquels l'exaltation psychique par la voie des arts tend à se substituer : car nous reconnaîtrons bientôt, contrairement à des assertions calculées, qu'en réalité l'idéal plastique est dégagé de toute suggestion surnaturelle; qu'il lui suffit de s'appuyer sur sa base positive pour s'élever vers des conceptions indéfinitivement extensibles; et que lorsqu'il exprime si bien les mouvements de l'âme les plus variés, c'est sans avoir besoin d'un concours étranger, et par le fait seul de son entraînement intime. Grand motif de confiance encore pour les artistes qui, sans hésitation ni regret, consacreront à un tel idéal toute leur ardeur du cœur et de l'esprit. Enfin grand motif de sécurité pour les gouvernements, car, d'après une provenance ainsi constatée, ils n'hésiteront plus à compter comme un de leurs devoirs sacrés celui de seconder les manifestations artistiques à l'égal des plus précieuses, des plus légitimes, des plus incoërcibles parmi tout le labeur humain; surtout de leur épargner soit une règlementation irréfléchie, soit même certain mauvais vouloir, et ce favoritisme que trop souvent, en des temps malheureux, on a vu les amis d'un pouvoir en quête de partisans pratiquer à leur égard. Au résumé, il y a dans l'ensemble des conditions par lesquelles l'art naissant se rattachait déjà aux variations de la vie des peuples, une attache sociologique profonde : et nous l'en croyons redevable, pour la meilleure part, à l'humble période paléologique de la pierre taillée, berceau fécond d'une expansion qui bientôt deviendra merveilleuse.

V.—Révisant d'un coup d'œil la contribution apportée à la systématisation plastique par toute la préhistoire, rappelons-nous qu'elle offre comme résultats constatés : l'élément physique de la forme au complet, sous ses deux aspects, l'un libre, l'autre géométrique; l'élément intellectuel de l'observation; enfin la division définitive des arts. Une telle somme d'acquisitions dogmatiques caractérise l'état d'esprit d'où elles émanèrent comme une sorte d'embryon esthétique conçu dans la mentalité humaine en son âge primitif, et portant virtuellement la détermination de l'histoire figurative réservée à l'avenir. L'apparition de ce concept a été l'objet de notre investigation en ce troisième chapitre : les suivants nous feront assister à sa croissance, jusqu'à l'entier épanouissement de l'art et à la constitution normale de l'organisme plastique. Imitant le germe animal lui-même qui peut, soit en s'arrêtant à l'une quelconque de ses phases successives, donner naissance à un être fixe, plus ou moins inférieur ou moyen; soit, en les poursuivant, s'élever vers la création d'êtres de plus en plus parfaits; l'évolution artistique à chaque station progressive marquera d'une physionomie spéciale un âge, un peuple, une civilisation. Déjà devant nous l'immense durée préhistorique, en se renfermant dans le travail préalable de l'observation, vient d'accomplir la préparation fondamentale de toute la construction future; bientôt l'Egypte passant à l'abstraction fixera les notions et les idées ainsi amassées en elle, en les faisant arriver à l'état de types et de principes; la Grèce ensuite les revêtira pour la première fois de la splendeur d'une idéalisation parfaite, et les exaltera jusqu'à leur apogée, du moins à l'égard de la beauté dans la forme. Mais alors le monde romain voulant prématurément amener celle-ci à la dramatisation fera tout à coup pencher la progression vers une décrépitude anticipée : et c'est en ce moment critique que le mysticisme chrétien, puis mahométan, survenant peut-être dans un renouvellement de la compression exercée jadis par les orientaux sur l'esprit occidental, infligera au génie esthétique l'apparence temporaire de la mort : Théodose, empereur, brisera en un jour quarante mille statues (1), à peu près tout ce que la Grèce bienfaisante léguait à l'humanité ; et au cours de leurs conquêtes les Khalifes détruiront partout les images et les livres. L'art mutilé s'assoupira donc pendant quelques siècles. Cependant, en réalité, son développement aura été interrompu, non épuisé : la renaissance italienne, fermentant depuis longtemps en recueillant les aspirations hétérogènes du moyen-âge, éclatera tout à coup à Florence et à Rome sous le choc des Grecs échappés de Byzance ; et la faculté dramatique, vaine ambition des sculpteurs grecs anciens, sera conquise à ce moment par les artistes de l'Italie. Enfin, dernier de tant d'efforts, Venise, Anvers, l'Espagne, l'Angleterre et notre France achèveront une série

(1) Suites de l'édit de 381 contre les Ariens. Martin de Tours (316-397), évêque, Radegonde (519-587), reine de France et femme de Clotaire Ier, l'un au milieu de ses moines, l'autre à la tête de ses soldats, parcouraient l'ancienne Gaule pour y détruire les monuments. Les mêmes attentats, qui furent pour les provinces l'équivalent de l'incendie de Rome attribué à Néron, sévirent pendant des siècles, et aussi bien sur les territoires de la civilisation que sur ceux de la barbarie : car ils émanaient de gens en délire, redevenus incapables de distinguer l'immortel chef-d'œuvre de l'idole la plus informe. Nous ne croyons pas exagérer en affirmant que, quelques puissent être à l'avenir sa prospérité mentale, et soit la valeur, soit l'abondance de sa production artistique, jamais notre race ne réparera de tels désastres ; et l'on peut en considérer la sauvage extension comme un cataclysme dont l'existence entière de notre planète portera l'empreinte ineffaçable.

suprême d'accroissements après laquelle tous les termes empiriques et tous les principes doctrinaux sembleront de nos jours réunis. Car, pour suivre notre comparaison dans une analogie extrême, ainsi que l'être supérieur, au sortir de la période fœtale, conserve des préparations graduelles qu'il y a parcourues tout le bénéfice utilisable pour lui dans la vie adulte, de même la plastique se développant de plus en plus garde l'héritage antérieur, et bâtit ainsi pièce à pièce l'échafaudage de ses appareils organiques : d'abord les trois éléments physiques, lumière, couleur, forme, qui sont comme ses tissus et ses os, et dont la connaissance se perfectionne à chaque période historique; puis les quatre facultés intellectuelles, observation, abstraction, idéalisation, dramatisation, enchaînement de fonctions comparables à celles des nerfs et du cerveau, qui apparaissent aussi à la mesure du progrès. Armée dès lors de tous ses instruments tant externes qu'internes, elle est décidément prête à une production indéfinie, variable sans limite par le choix et le dosage des données et des pratiques, mais vraisemblablement fixée désormais dans un cadre complet. Donnons en terminant un dernier regard à la division préhistorique que nous abandonnons, et souvenons-nous que son mérite a été non-seulement de constituer en puissance tout cet avenir artistique dont a été exposé le rapide aperçu, mais aussi de tracer elle-même, par le modeste essor de ses réalisations, les premiers pas dans la voie où l'expression figurative s'engageait pour toujours.

Saint-Quentin, Imp. J. Moureau.

www.ingramcontent.com/pod-product-compliance
Ingram Content Group UK Ltd.
Pitfield, Milton Keynes, MK11 3LW, UK
UKHW020929180726
13838UKWH00002B/842